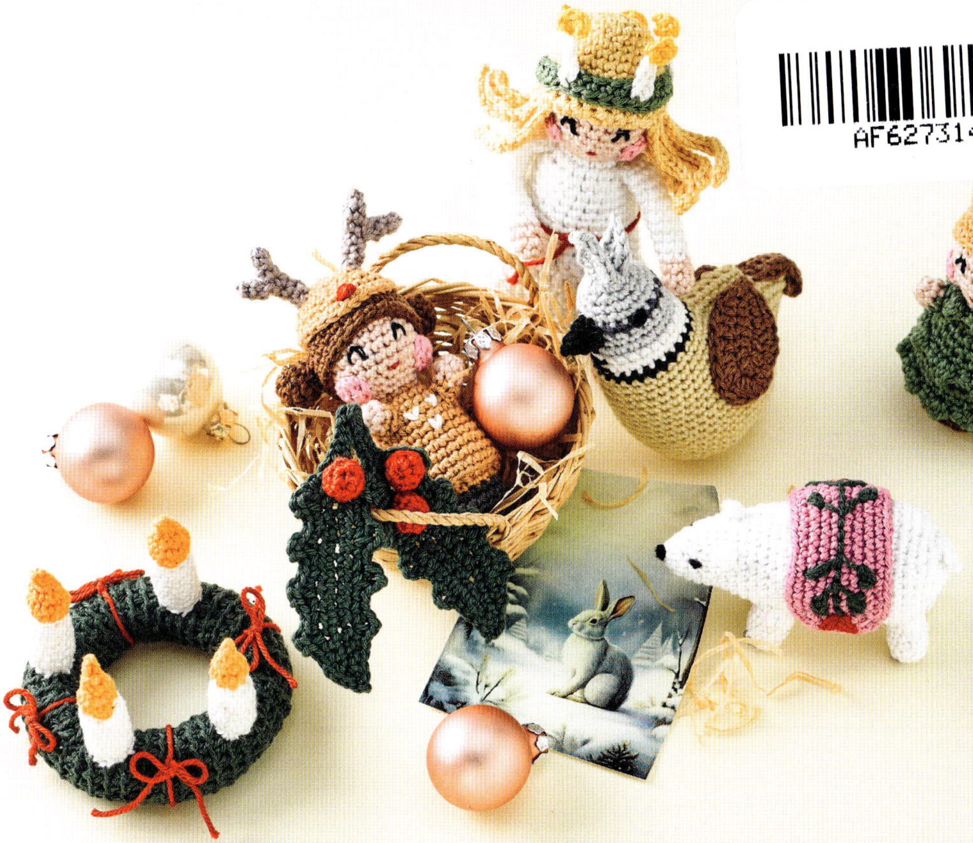

In der kalten Jahreszeit sehnen wir uns alle ganz besonders nach Behaglichkeit. Womit ließe sich eine gemütliche Atmosphäre da besser zaubern, als mit zuckersüßen Häkelminis, die Winter- und Weihnachtsgefühle in Ihr Zuhause tragen? Schnell und einfach aus wenig Material gehäkelt, sind die kleinen Figuren ein perfektes Geschenk und vielseitiger Dekoartikel. Auf der Fensterbank, als Schlüsselanhänger oder Glücksbringer, die winterlichen Figuren bringen jedem Herzen Freude. Ob Mistelzweig oder Tannenzapfen, knuffiger Eisbär oder kecke Maus – bereit für die nächste Schneeballschlacht – mit diesen Häkelminis verleihen Sie jeder Umgebung das passende winterliche Flair.

Doerthe Eisterlehner

Rosa, das Rentier

SCHWIERIGKEIT 2

GRÖSSE

ca. 11 cm

MATERIAL

- Schachenmayr Catania (LL 125 m/50 g) in Rosé Gold (Fb 433), Camel (Fb 179), Rauchgrau (Fb 435), Marone (Fb 157), Anthrazit (Fb 429), Orchidee (Fb 222), Natur (Fb 105), Signalrot (Fb 115) und Schwarz (Fb 110), je 50 g oder Rest
- Häkelnadel 2,0 mm
- Füllwatte
- Wollnadel

KOPF, KÖRPER UND FÜSSE

In Rosé Gold einen Magic-Ring anfertigen. Weiter in Spiralrd fM häkeln.

1. Rd: 6 fM in den Ring häkeln (= 6 M).
2. Rd: Jede fM verdoppeln (= 12 M).
3. Rd: Jede 2. fM verdoppeln (= 18 M).
4. Rd: 18 fM häkeln.
5. Rd: Jede 3. fM verdoppeln (= 24 M).
6.–10. Rd: Jeweils 24 fM häkeln.
11. Rd: Jede 3. und 4. fM zusammen abmaschen (= 18 M).
12. Rd: 18 fM häkeln.
13. Rd: Jede 2. und 3. fM zusammen abmaschen (= 12 M).

Die Figur fortlaufend mit Füllwatte ausstopfen.

14. Rd (Camel): Jede 2. fM verdoppeln (= 18 M).
15.+16. Rd: Jeweils 18 fM häkeln.
17. Rd: Jede 3. fM verdoppeln (= 24 M).
18.–20. Rd: Jeweils 24 fM häkeln.
21. Rd: Jede 4. fM verdoppeln (= 30 M).
22.–24. Rd: Jeweils 30 fM häkeln.
25. Rd: Jede 4. und 5. fM zusammen abmaschen, dabei nur in die hinteren M-Glieder häkeln (= 24 M).
26. Rd: Jede 3. und 4. fM zusammen abmaschen (= 18 M).
27. Rd (Anthrazit): Jede 3. fM verdoppeln (= 24 M).
28. Rd: 24 fM häkeln.
29. Rd: Jede 3. und 4. fM zusammen abmaschen, dabei nur in die hinteren M-Glieder häkeln (= 18 M).
30. Rd: Jede 2. und 3. fM zusammen abmaschen (= 12 M).
31. Rd: Immer 2 fM zusammen abmaschen (= 6 M).

1 Km in die 1. M der letzten Rd häkeln. Garn ca. 25 cm lang abschneiden, mit der Wollnadel durch alle 6 vorderen M-Glieder fädeln, zusammenziehen und vernähen.

ARME (2x)

In Rosé Gold einen Magic-Ring anfertigen. Weiter in Spiralrd fM häkeln.

1. Rd: 6 fM in den Ring häkeln (= 6 M).
2. Rd: 6 fM häkeln.
3. Rd (Camel): 6 fM häkeln.

1 Km in die 1. M der letzten Rd häkeln. Garn ca. 25 cm lang abschneiden. Die Arme mit etwas Füllwatte ausstopfen.

HAARE

In Marone einen Magic-Ring anfertigen. Weiter in Spiralrd fM häkeln.

1. Rd: 6 fM in den Ring häkeln (= 6 M).
2. Rd: Jede fM verdoppeln (= 12 M).
3. Rd: Jede 2. fM verdoppeln (= 18 M).
4. Rd: 18 fM häkeln.
5. Rd: Jede 3. fM verdoppeln (= 24 M).
6. Rd: Jede 12. fM verdoppeln (= 26 M).
7.–10. Rd: Jeweils 26 fM häkeln.

1 Km in die 1. M der letzten Rd häkeln. Garn ca. 25 cm lang abschneiden.

DUTT (2x)

In Marone einen Magic-Ring anfertigen. Weiter in Spiralrd fM häkeln.

1. Rd: 6 fM in den Ring häkeln (= 6 M).

2. Rd: Jede 2. fM verdoppeln (= 9 M).

3. Rd: 9 fM häkeln.

4. Rd: Jede 2. und 3. fM zusammen abmaschen (= 6 M).

1 Km in die 1. M der letzten Rd häkeln. Garn ca. 25 cm lang abschneiden und den Dutt mit etwas Füllwatte ausstopfen.

MÜTZE

In Camel einen Magic-Ring anfertigen. Weiter in Spiralrd fM häkeln.

1. Rd: 6 fM in den Ring (= 6 M).

2. Rd: Jede fM verdoppeln (= 12 M).

3. Rd: Jede 2. fM verdoppeln (= 18 M).

4. Rd: 18 fM häkeln.

5. Rd: Jede 3. fM verdoppeln (= 24 M).

6.+7. Rd: Jeweils 24 fM häkeln.

1 Km in die 1. M der letzten Rd häkeln. Garn ca. 25 cm lang abschneiden. Die Mütze mit etwas Füllwatte ausstopfen.

GEWEIH (2x)

In Rauchgrau einen Magic-Ring anfertigen. Weiter in Spiralrd fM häkeln.

1. Rd: 4 fM in den Ring häkeln (= 4 M).

2. Rd: 4 fM, dabei nur in die hinteren M-Glieder häkeln.

3.+4. Rd: Jeweils 4 fM häkeln.

Arbeit teilen und beide Teile getrennt weiter häkeln:

5. Rd: 2 fM, 2 Lm, für die nächste Rd in die 1. fM der Rd einstechen (= 4 M).

6. Rd: 4 fM häkeln.

Garn ca. 25 cm lang abschneiden, mit der Wollnadel durch alle 4 vorderen M-Glieder fädeln, zusammenziehen und vernähen.

Die 2. Hälfte über die freien 2 M der 4. Rd und die 2 Lm gegengleich beenden.

BÄCKCHEN (2x)

In Orchidee einen Magic-Ring anfertigen.

5 fM in den Ring häkeln. Mit 1 Km in die 1. M zur Rd schließen.

Garn ca. 25 cm lang abschneiden.

FERTIGSTELLUNG

Die Haare leicht schräg am Kopf festnähen. Beidseitig die Dutts am Haar festnähen. Mittig auf dem Kopf den Hut festnähen. Beidseitig das Geweih auf dem Hut festnähen. Mit Signalrot eine rote Rentiernase vorne auf den Hut sticken. Die Arme beidseitig am Körper festnähen und mit Natur drei V zwischen den Armen auf den Körper sticken. Mit je einem geteilten Stück Garn in Schwarz die Augen und in Signalrot den Mund aufsticken. Die Bäckchen im Gesicht festnähen.

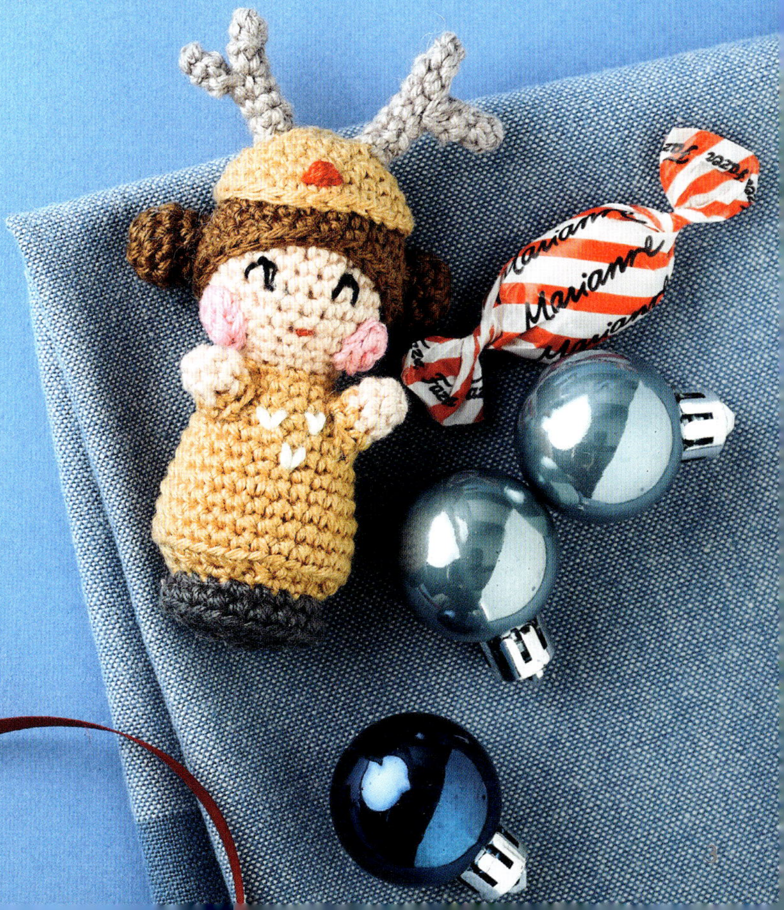

Tilda, der Tannenbaum

SCHWIERIGKEIT 3

GRÖSSE

ca. 12 cm

MATERIAL

- Schachenmayr Catania (LL 125 m/50 g) in Rosé Gold (Fb 433), Moos (Fb 412), Camel (Fb 179), Marone (Fb 157), Sonne (Fb 208), Orchidee (Fb 222), Signalrot (Fb 115) und Schwarz (Fb 110), je 50 g oder Rest
- Häkelnadel 2,0 mm
- Füllwatte
- Wollnadel

KOPF, KÖRPER UND FÜSSE

In Rosé Gold einen Magic-Ring anfertigen. Weiter in Spiralrd fM häkeln.

1. Rd: 6 fM in den Ring häkeln (= 6 M).

2. Rd: Jede fM verdoppeln (= 12 M).

3. Rd: Jede 2. fM verdoppeln (= 18 M).

4. Rd: 18 fM häkeln.

5. Rd: Jede 3. fM verdoppeln (= 24 M).

6.-10. Rd: Jeweils 24 fM häkeln.

11. Rd: Jede 3. und 4. fM zusammen abmaschen (= 18 M).

12. Rd: 18 fM häkeln.

13. Rd: Jede 2. und 3. fM zusammen abmaschen (= 12 M).

Die Figur fortlaufend mit Füllwatte ausstopfen.

14. Rd (Moos): Jede 2. fM verdoppeln (= 18 M).

15. Rd: 18 fM, dabei nur in die hinteren M-Glieder häkeln.

16. Rd: 18 fM häkeln.

17. Rd: Jede 3. fM verdoppeln (= 24 M).

18.+19. Rd: Jeweils 24 fM häkeln.

20. Rd: 24 fM, dabei nur in die hinteren M-Glieder häkeln.

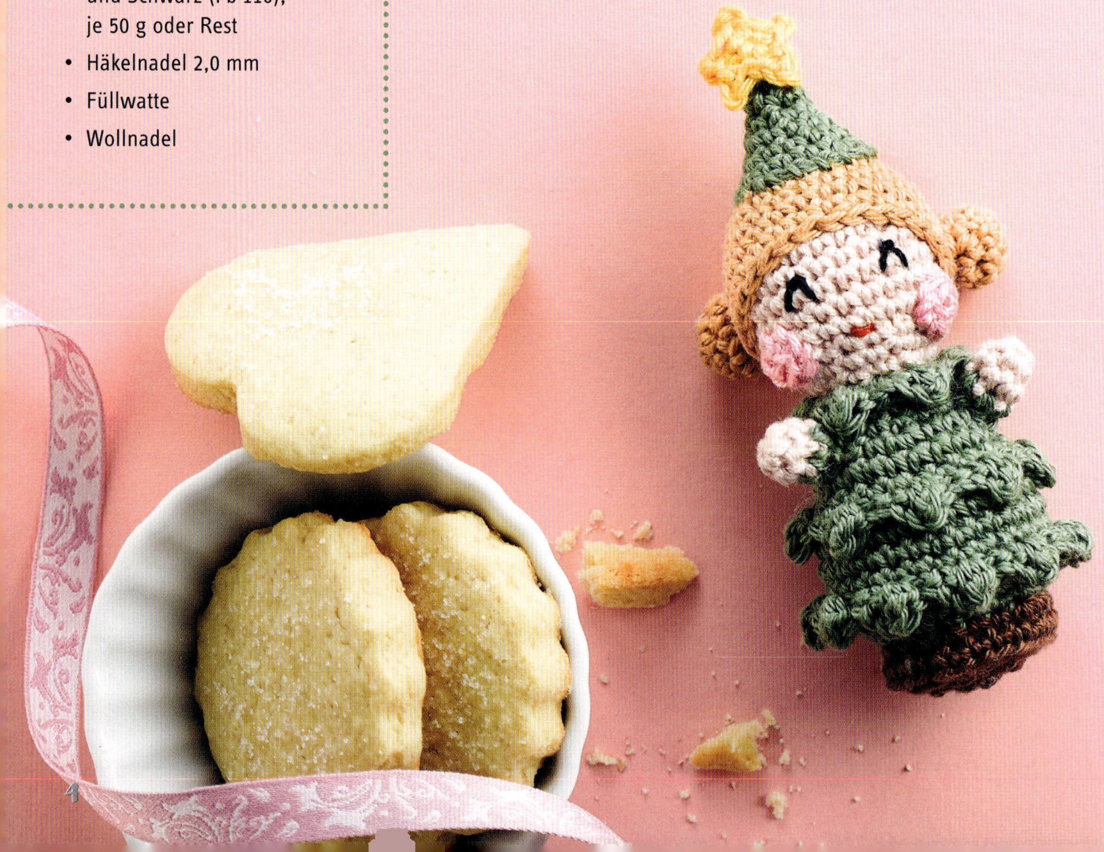

21. Rd: Jede 4. fM verdoppeln (= 30 M).
22.+23. Rd: Jeweils 30 fM häkeln.
24. Rd: 30 fM, dabei nur in die hinteren M-Glieder häkeln.
25. Rd: Jede 4. und 5. fM zusammen abmaschen, dabei nur die hinteren M-Glieder häkeln (= 24 M).
26. Rd: Jede 3. und 4. fM zusammen abmaschen (= 18 M).
27. Rd (Marone): Jede 3. fM verdoppeln (= 24 M).
28. Rd: 24 fM häkeln.
29. Rd: Jede 3. und 4. fM zusammen abmaschen, dabei nur die hinteren M-Glieder häkeln (= 18 M).
30. Rd: Jede 2. und 3. fM zusammen abmaschen (= 12 M).
31. Rd: Immer 2 fM zusammen abmaschen (= 6 M).
1 Km in die 1. M der letzten Rd häkeln. Garn ca. 25 cm lang abschneiden, mit der Wollnadel durch alle 6 vorderen M-Glieder fädeln, zusammenziehen und vernähen.
In die vorderen freien M-Glieder der 14., 19. und 23. Rd je 1 Rd in Moos häkeln: * [1 fM, 1 Stb, 1 Lm, 1 Km] in 1 M, 1 fM, 1 Km, ab * noch 5x, 7x und 9x wdh. Garn jeweils ca. 25 cm lang abschneiden und vernähen.

ARME (2x)

In Rosé Gold einen Magic-Ring anfertigen. Weiter in Spiralrd fM häkeln.
1. Rd: 6 fM in den Ring häkeln (= 6 M).
2. Rd: 6 fM häkeln.
3. Rd (Moos): 6 fM häkeln.
1 Km in die 1. M der letzten Rd häkeln. Garn ca. 25 cm lang abschneiden. Die Arme mit etwas Füllwatte ausstopfen.

HAARE

In Camel einen Magic-Ring anfertigen. Weiter in Spiralrd fM häkeln.
1. Rd: 6 fM in den Ring häkeln (= 6 M).
2. Rd: Jede fM verdoppeln (= 12 M).
3. Rd: Jede 2. fM verdoppeln (= 18 M).
4. Rd: 18 fM häkeln.
5. Rd: Jede 3. fM verdoppeln (= 24 M).
6. Rd: Jede 12. fM verdoppeln (= 26 M).
7.-10. Rd: Jeweils 26 fM häkeln.
1 Km in die 1. M der letzten Rd häkeln. Garn ca. 25 cm lang abschneiden.

DUTT (2x)

In Camel einen Magic-Ring anfertigen. Weiter in Spiralrd fM häkeln.
1. Rd: 6 fM in den Ring häkeln (= 6 M).
2. Rd: Jede 2. fM verdoppeln (= 9 M).
3. Rd: 9 fM häkeln.
4. Rd: Jede 2. und 3. fM zusammen abmaschen (= 6 M).
1 Km in die 1. M der letzten Rd häkeln. Garn ca. 25 cm lang abschneiden und den Dutt mit etwas Füllwatte ausstopfen.

HUT

In Moos einen Magic-Ring anfertigen. Weiter in Spiralrd fM häkeln.
1. Rd: 4 fM in den Ring (= 4 M).
2. Rd: Jede 2. fM verdoppeln (= 6 M).
3. Rd: 6 fM häkeln.
4. Rd: Jede 2. fM verdoppeln (= 9 M).
5. Rd: Jede 3. fM verdoppeln (= 12 M).
6. Rd: Jede 4. fM verdoppeln (= 15 M).
7. Rd: Jede 5. fM verdoppeln (= 18 M).
1 Km in die 1. M der letzten Rd häkeln. Garn ca. 25 cm lang abschneiden.
Den Hut mit etwas Füllwatte ausstopfen.

STERN

In Sonne einen Magic-Ring anfertigen.
1. Rd: 5 fM in den Ring häkeln (= 5 M).
2. Rd: * [1 Km, 1 Lm, 1 Km] in 1 M, ab * noch 4x wdh.
Garn ca. 25 cm lang abschneiden.

BÄCKCHEN (2x)

In Orchidee einen Magic-Ring anfertigen.
5 fM in den Ring häkeln. Mit 1 Km in die 1. M zur Rd schließen.
Garn ca. 25 cm lang abschneiden.

FERTIGSTELLUNG

Die Haare leicht schräg am Kopf festnähen. Beidseitig die Dutts am Haar festnähen. Mittig auf dem Kopf den Hut festnähen. An der Spitze des Hutes den Stern festnähen. Die Arme beidseitig am Körper festnähen. Mit je einem geteilten Stück Garn in Schwarz die Augen und in Signalrot den Mund aufsticken. Die Bäckchen im Gesicht festnähen.

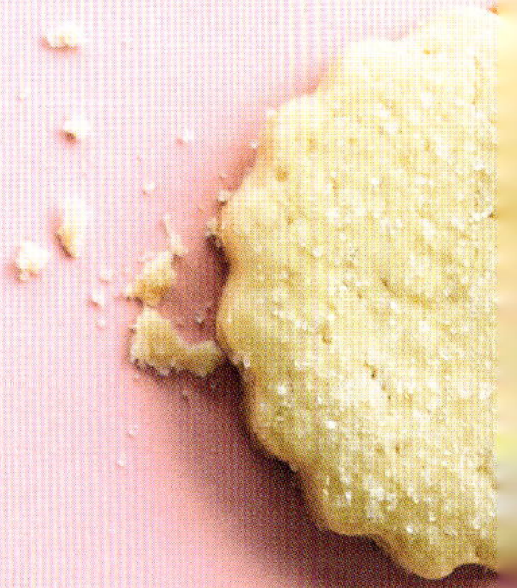

Selma, die Schneefrau

SCHWIERIGKEIT 2

GRÖSSE
ca. 12 cm

MATERIAL
- Schachenmayr Catania (LL 125 m/50 g) in Rosé Gold (Fb 433), Weiß (Fb 106), Taupe (Fb 254), Deep Amber (Fb 438), Orange (Fb 281), Orchidee (Fb 222), Signalrot (Fb 115) und Schwarz (Fb 110), je 50 g oder Rest
- Häkelnadel 2,0 mm
- Füllwatte
- Wollnadel

KOPF, KÖRPER UND FÜSSE
In Rosé Gold einen Magic-Ring anfertigen. Weiter in Spiralrd fM häkeln.

1. Rd: 6 fM in den Ring häkeln (= 6 M).
2. Rd: Jede fM verdoppeln (= 12 M).
3. Rd: Jede 2. fM verdoppeln (= 18 M).
4. Rd: 18 fM häkeln.
5. Rd: Jede 3. fM verdoppeln (= 24 M).
6.-10. Rd: Jeweils 24 fM häkeln.
11. Rd: Jede 3. und 4. fM zusammen abmaschen (= 18 M).
12. Rd: 18 fM häkeln.
13. Rd: Jede 2. und 3. fM zusammen abmaschen (= 12 M).
Die Figur fortlaufend mit Füllwatte ausstopfen.
14. Rd (Weiß): Jede 2. fM verdoppeln (= 18 M).
15.+16. Rd: Jeweils 18 fM häkeln.
17. Rd: Jede 3. fM verdoppeln (= 24 M).
18.-20. Rd: Jeweils 24 fM häkeln.
21. Rd: Jede 4. fM verdoppeln (= 30 M).
22.-24. Rd: Jeweils 30 fM häkeln.
25. Rd: Jede 4. und 5. fM zusammen abmaschen, dabei nur die hinteren M-Glieder häkeln (= 24 M).
26. Rd: Jede 3. und 4. fM zusammen abmaschen (= 18 M).
27. Rd (Taupe): Jede 3. fM verdoppeln (= 24 M).
28. Rd: 24 fM häkeln.
29. Rd: Jede 3. und 4. fM zusammen abmaschen, dabei nur die hinteren M-Glieder häkeln (= 18 M).
30. Rd: Jede 2. und 3. fM zusammen abmaschen (= 12 M).
31. Rd: Immer 2 fM zusammen abmaschen (= 6 M).
1 Km in die 1. M der letzten Rd häkeln. Garn ca. 25 cm lang abschneiden, mit der Wollnadel durch alle 6 vorderen M-Glieder fädeln, zusammenziehen und vernähen.

ARME (2x)
In Rosé Gold einen Magic-Ring anfertigen. Weiter in Spiralrd fM häkeln.

1. Rd: 6 fM in den Ring häkeln (= 6 M).
2. Rd: 6 fM häkeln.
3. Rd (Weiß): 6 fM häkeln.
1 Km in die 1. M der letzten Rd häkeln. Garn ca. 25 cm lang abschneiden. Die Arme mit etwas Füllwatte ausstopfen.

HAARE
In Deep Amber einen Magic-Ring anfertigen. Weiter in Spiralrd fM häkeln.

1. Rd: 6 fM in den Ring häkeln (= 6 M).
2. Rd: Jede fM verdoppeln (= 12 M).
3. Rd: Jede 2. fM verdoppeln (= 18 M).
4. Rd: 18 fM häkeln.
5. Rd: Jede 3. fM verdoppeln (= 24 M).
6. Rd: Jede 12. fM verdoppeln (= 26 M).
7.-10. Rd: Jeweils 26 fM häkeln.
1 Km in die 1. M der letzten Rd häkeln. Garn ca. 25 cm lang abschneiden.

ZÖPFE (2x)
In Deep Amber einen Magic-Ring anfertigen. Weiter in Spiralrd fM häkeln.

1. Rd: 4 fM in den Ring häkeln (= 4 M).

2. Rd: 4 fM häkeln.
3. Rd: Jede 2. fM verdoppeln (= 6 M).
4. Rd: Jede 2. fM verdoppeln (= 9 M).
5.+6. Rd: Jeweils 9 fM häkeln.
7. Rd: Jede 2. und 3. fM zusammen abmaschen (= 6 M).
1 Km in die 1. M der letzten Rd häkeln. Garn ca. 25 cm lang abschneiden und den Zopf mit etwas Füllwatte ausstopfen.

MÜTZE

In Weiß einen Magic-Ring anfertigen. Weiter in Spiralrd fM häkeln.
1. Rd: 6 fM in den Ring (= 6 M).
2. Rd: Jede fM verdoppeln (= 12 M).
3. Rd: Jede 2. fM verdoppeln (= 18 M).
4. Rd: 18 fM häkeln.
5. Rd: Jede 3. fM verdoppeln (= 24 M).
6.+7. Rd: Jeweils 24 fM häkeln.
1 Km in die 1. M der letzten Rd häkeln. Garn ca. 25 cm lang abschneiden. Die Mütze mit etwas Füllwatte ausstopfen.

KAROTTE

In Orange einen Magic-Ring anfertigen. Weiter in Spiralrd fM häkeln.
1. Rd: 4 fM in den Ring (= 4 M).
2.+3. Rd: Jeweils 4 fM häkeln.
1 Km in die 1. M der letzten Rd häkeln. Garn ca. 25 cm lang abschneiden. Die Karotte mit etwas Füllwatte ausstopfen.

BÄCKCHEN (2x)

In Orchidee einen Magic-Ring anfertigen.
5 fM in den Ring häkeln. Mit 1 Km in die 1. M zur Rd schließen.
Garn ca. 25 cm lang abschneiden.

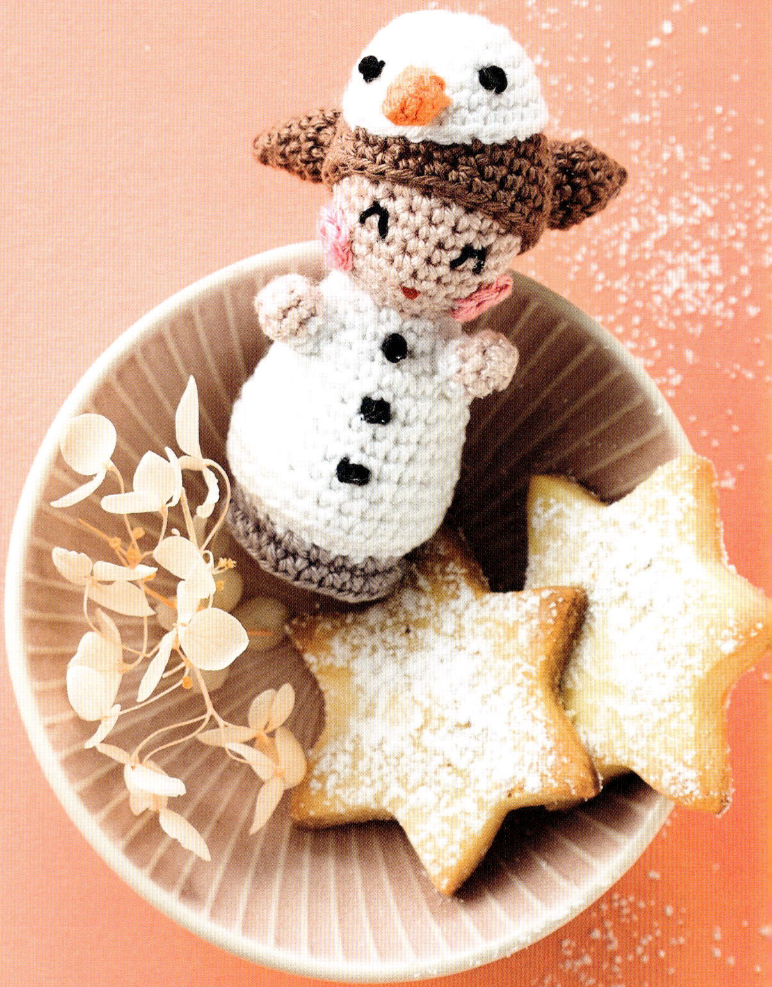

FERTIGSTELLUNG

Die Haare leicht schräg am Kopf festnähen. Die Mütze leicht schräg auf dem Haar festnähen. Die Karotte mittig vorn an der Mütze festnähen.
Mit Schwarz ein paar „Kohle"-Augen auf die Mütze sticken. Beidseitig die Zöpfe am Haar festnähen. Beidseitig die Arme am Körper festnähen.
Mit Schwarz mittig drei Kohlestücke bzw. Knöpfe auf den Körper sticken.
Im Gesicht mit je einem geteilten Stück Garn in Schwarz die Augen und in Signalrot den Mund aufsticken. Die Bäckchen im Gesicht festnähen.

Traumschöner Tannenzapfen

SCHWIERIGKEIT 3

GRÖSSE
ca. 7 cm

MATERIAL

- Schachenmayr Catania (LL 125 m/50 g) in Deep Amber (Fb 438) und Tannenbaum (Fb 419), je 50 g oder Rest
- Häkelnadel 2,0 mm
- Füllwatte
- Wollnadel

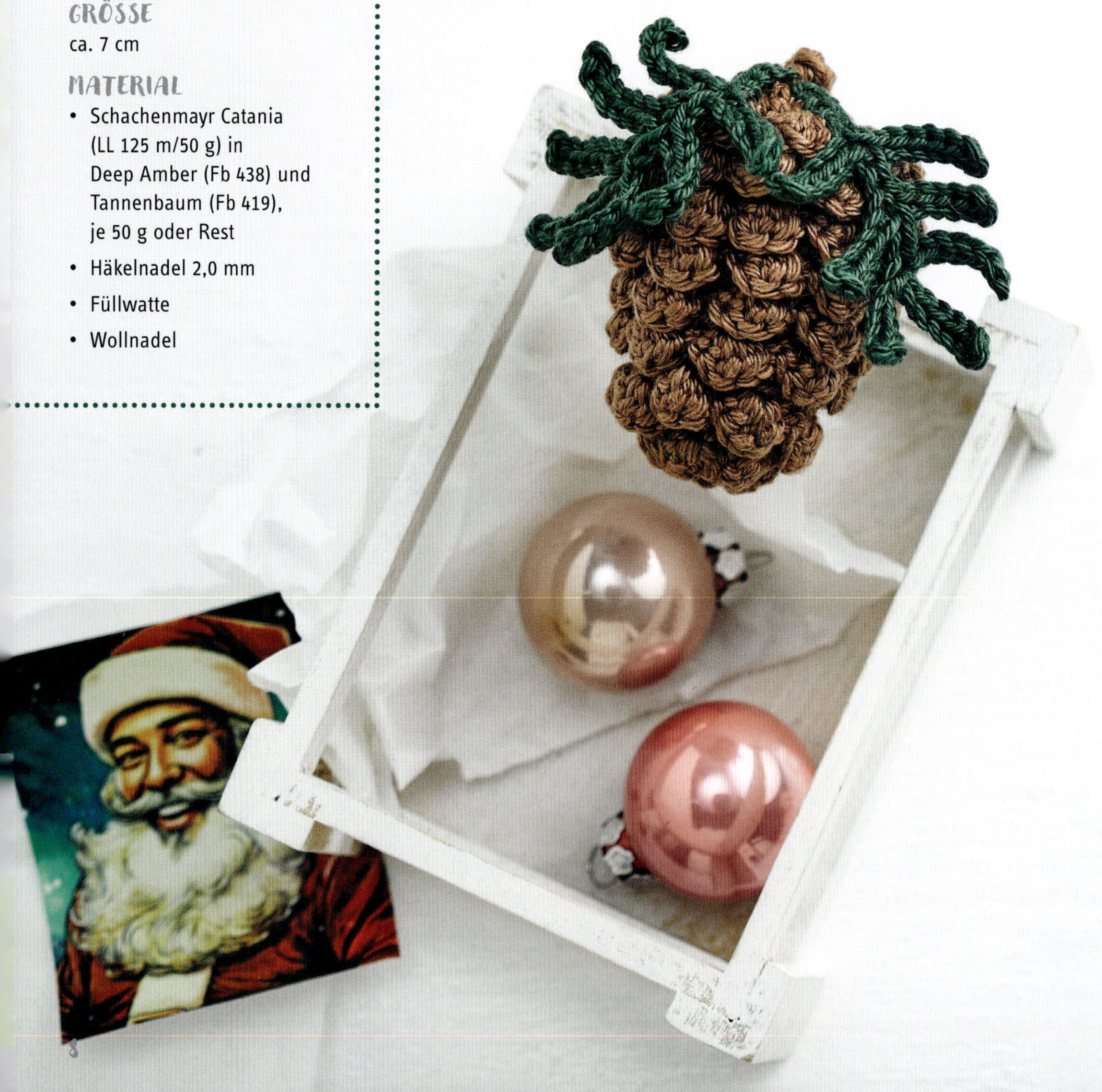

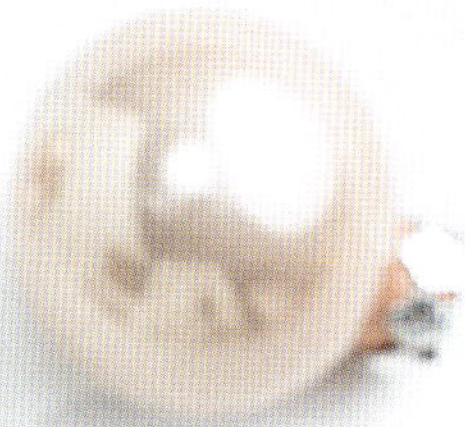

TANNENZAPFEN

In Deep Amber einen Magic-Ring anfertigen. Weiter in Spiralrd fM häkeln.

1. Rd: 4 fM in den Ring häkeln (= 4 M).
2. Rd: 4 fM, dabei nur in die hinteren M-Glieder häkeln.
3. Rd: Jede 2. fM verdoppeln (= 6 M).
4. Rd: Jede fM verdoppeln (= 12 M).
5. Rd: Jede 2. fM verdoppeln (= 18 M).
6. Rd: * 1 fM, 1 fM verdoppeln, 1 fM, ab* noch 5x wdh (= 24 M).
7. Rd: 24 fM, dabei nur in die hinteren M-Glieder häkeln.
8. Rd: Jede 4. fM verdoppeln (= 30 M).
9. Rd: 30 fM, dabei nur in die hinteren M-Glieder häkeln.
10. Rd: 30 fM häkeln.
11. Rd: 30 fM, dabei nur in die hinteren M-Glieder häkeln.
12. Rd: 30 fM häkeln.
13. Rd: 30 fM, dabei nur in die hinteren M-Glieder häkeln.
14. Rd: Jede 4. und 5. fM zusammen abmaschen (= 24 M).
15. Rd: 24 fM, dabei nur in die hinteren M-Glieder häkeln.
16. Rd: 24 fM häkeln.
17. Rd: 24 fM, dabei nur in die hinteren M-Glieder häkeln.
18. Rd: 24 fM häkeln.
19. Rd: 24 fM, dabei nur in die hinteren M-Glieder häkeln.
20. Rd: Jede 3. und 4. fM zusammen abmaschen (= 18 M).
21. Rd: 18 fM, dabei nur in die hinteren M-Glieder häkeln.
Den Tannenzapfen fortlaufend mit Füllwatte ausstopfen.
22. Rd: Jede 2. und 3. fM zusammen abmaschen (= 12 M).
23. Rd: Immer 2 fM zusammen abmaschen (= 6 M).
1 Km in die 1. M der letzten Rd häkeln. Garn ca. 25 cm lang abschneiden, mit der Wollnadel durch alle 6 vorderen M-Glieder fädeln, zusammenziehen und vernähen.
Für die Zapfenschuppen mit Tannenzapfenspitze nach unten zeigend in die vorderen freien M-Glieder der 20. Rd (unbedingt in dieser Rd beginnen) wie folgt häkeln: * 1 Km, [1 fM, 1 hStb, 1 Stb, 1 hStb, 1 fM] in 1 M, 1 M überspringen, ab * bis Rd-Ende wdh, 1 Km.
18., 16., 14., 12., 10., 8. und 6. Rd: Wie die 20. Rd häkeln.
Garn ca. 25 cm lang abschneiden und vernähen. Durch die Zapfenschuppen der 20. Rd durch die mittleren M der 6 Schuppen ein Stück Garn in Deep Amber fädeln, zusammenziehen und vernähen.

TANNENZWEIGE (2x)

In Tannenbaum 11 Lm anschl, ab der 2. Lm von der Nd aus 6 Km, * 9 Lm, ab der 2. Lm von der Nd aus 6 Km, ab * noch 1x wdh, 7 Lm, ab der 2. Lm von der Nd aus 6 Km, * 7 Lm, ab der 2. Lm von der Nd aus 6 Km, 2 Km in die nächsten freien Lm der anderen Seite, ab * noch 1x wdh, 7 Lm, ab der 2. Lm von der Nd aus 6 Km, 4 Km in die freien ersten angeschlagenen Lm. Garn ca. 25 cm lang abschneiden.

FERTIGSTELLUNG

Die Tannenzweige an den Stengel des Tannenzapfens nähen.

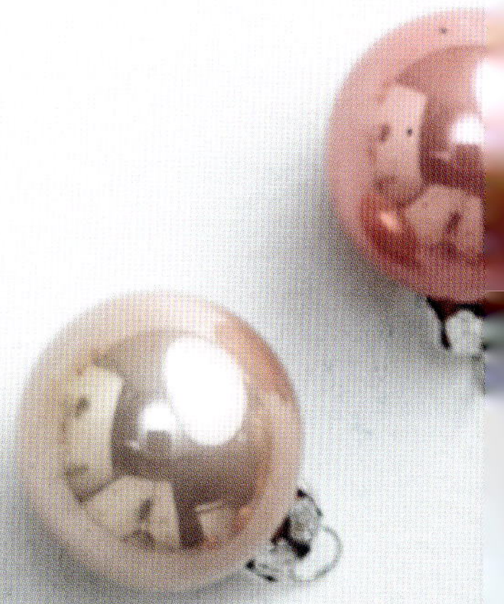

Stachelige Stechpalme

SCHWIERIGKEIT 2

GRÖSSE
ca. 8 cm

MATERIAL

- Schachenmayr Catania (LL 125 m/50 g) in Tannenbaum (Fb 419) und Signalrot (Fb 115), je 50 g oder Rest
- Häkelnadel 2,0 mm
- Füllwatte
- Wollnadel

BLÄTTER (2x)

1. R: In Tannenbaum 22 Lm anschl, ab der 2. Lm von der Nd aus 5 Km, 3 fM, 8 hStb, 5 fM, 2 Lm, die Rückseite der Lm-Kette gegengleich behäkeln, 1 Wende-Lm.

2. R: 1 M überspringen, 4 Km, 1 fM, [1 fM, 1 Stb, 2 Lm, 1 fM] in 1 M, 2 fM, [1 Stb, 2 Lm, 1 fM] in 1 M, 2 fM, [1Stb, 2 Lm, 1 fM] in 1 M, 2 fM, [1 Stb, 2 Lm, 1 fM] in 1 M, 2 fM, 3 Km, 2 Lm, die andere Seite des Blatts gegengleich behäkeln.

BEEREN (3x)

In Signalrot einen Magic-Ring anfertigen. Weiter in Spiralrd fM häkeln.

1. Rd: 6 fM in den Ring häkeln (= 6 M).

2.+3. Rd: Jeweils 6 fM häkeln.

1 Km in die 1. M der letzten Rd häkeln, Garn ca. 25 cm lang abschneiden, mit der Wollnadel durch alle 6 vorderen M-Glieder fädeln. Die Beere mit etwas Füllwatte ausstopfen, Faden zusammenziehen und vernähen.

FERTIGSTELLUNG

Die Blätter am Stengel zusammennähen. Die drei Beeren nahe der Stengel auf den Blättern festnähen.

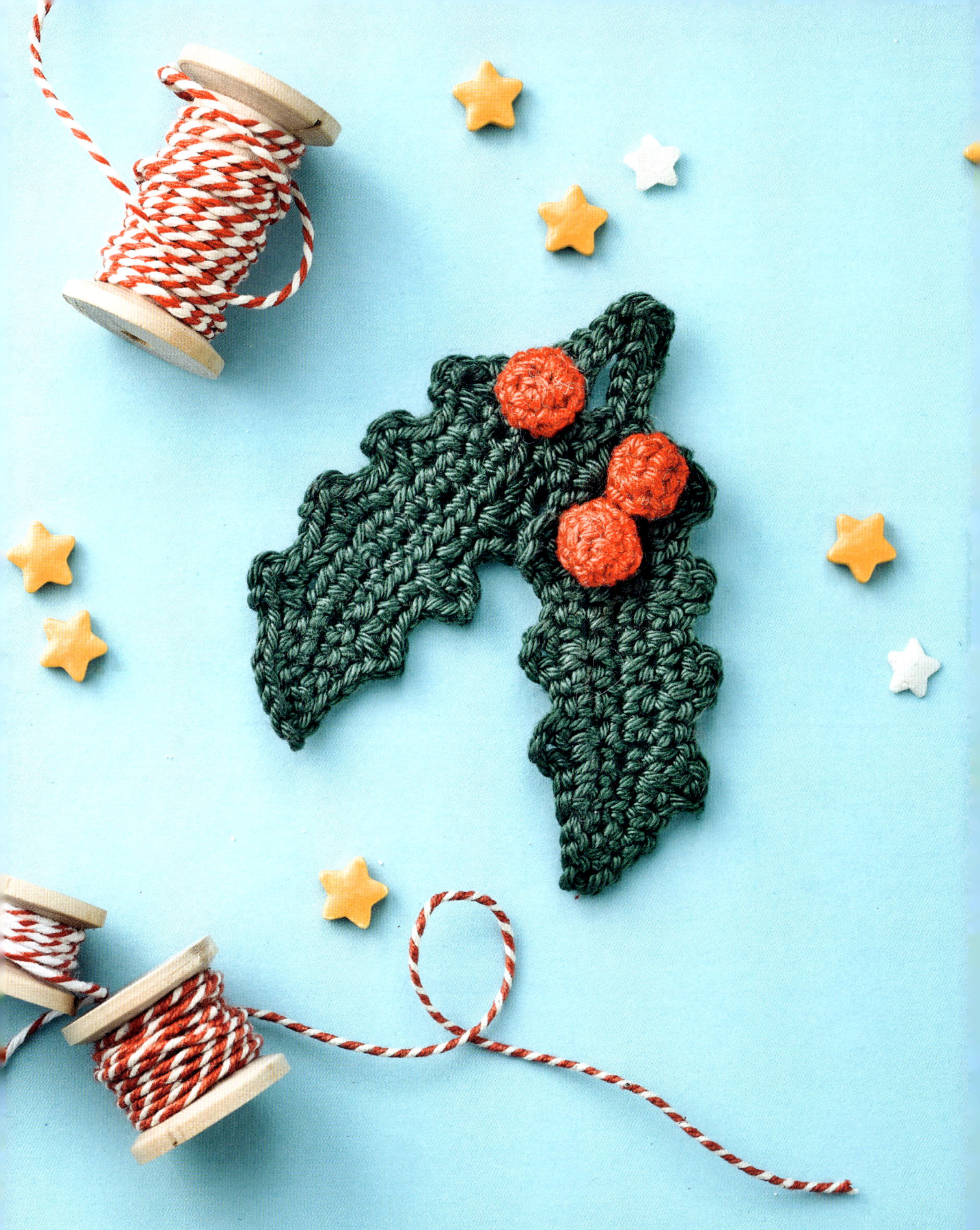

Hedda, die Haubenmeise

SCHWIERIGKEIT 3

GRÖSSE

ca. 10 cm

MATERIAL

- Schachenmayr Catania (LL 125 m/50 g) in Sand (Fb 404), Deep Amber (Fb 438), Natur (Fb 105), Stein (Fb 242), Schwarz (Fb 110) und Silber (Fb 172), je 50 g oder Rest
- Häkelnadel 2,0 mm
- Füllwatte
- Wollnadel

KOPF UND KÖRPER

In Silber einen Magic-Ring anfertigen. Weiter in Spiralrd fM häkeln.

1. Rd: 6 fM in den Ring häkeln (= 6 M).

2. Rd: Jede fM verdoppeln (= 12 M).

3. Rd: 12 fM häkeln.

4. Rd: Jede 2. fM verdoppeln (= 18 M).

5. Rd: 18 fM häkeln.

6. Rd (Stein): 18 fM häkeln.

7.+8. Rd (Silber): Jeweils 18 fM häkeln.

9. Rd: Jede 3. fM verdoppeln (= 24 M).

10.+11. Rd (Natur): Jeweils 24 fM häkeln.

12. Rd (Schwarz): 24 fM häkeln.

13. Rd (Sand): 9 Lm, ab der 2. Lm von der Nd aus 8 fM, 24 fM in die M der Vor-Rd, 8 fM in die Rückseite der Lm-Kette (= 40 M).

14. Rd: 40 fM häkeln.

15. Rd: 5 Lm, ab der 2. Lm von der Nd aus 4 fM, 40 fM in die M der Vor-Rd, 4 fM in die Rückseite der Lm-Kette (= 48 M).

16. Rd: 48 fM häkeln.

17. Rd: 2 fM zusammen abmaschen, 44 fM, 2 fM zusammen abmaschen (= 46 M).

18. Rd: 46 fM häkeln.

19. Rd: 2 fM zusammen abmaschen, 42 fM, 2 fM zusammen abmaschen (= 44 M).

20. Rd: 44 fM häkeln.

21. Rd: 2 fM zusammen abmaschen, 40 fM, 2 fM zusammen abmaschen (= 42 M).

22. Rd: 42 fM häkeln.

23. Rd: Jede 6. und 7. fM zusammen abmaschen (= 36 M).

24.-26. Rd: Jeweils 36 fM häkeln.

27. Rd: Jede 5. und 6. fM zusammen abmaschen (= 30 M).

28. Rd: 30 fM häkeln.

Die Figur fortlaufend mit Füllwatte ausstopfen.

29. Rd: Jede 4. und 5. fM zusammen abmaschen (= 24 M).

30. Rd: Jede 3. und 4. fM zusammen abmaschen (= 18 M).

31. Rd: Jede 2. und 3. fM zusammen abmaschen (= 12 M).

32. Rd: Immer 2 fM zusammen abmaschen (= 6 M).

1 Km in die 1. M der letzten Rd häkeln. Garn ca. 25 cm lang abschneiden, mit der Wollnadel durch alle 6 vorderen M-Glieder fädeln, zusammenziehen und vernähen.

FLÜGEL (2x)

1. Rd: In Deep Amber 8 Lm anschl, ab der 2. Lm von der Nd aus 1 Km, 1 fM, 2 hStb, 2 Stb, 5 Stb in 1 Lm, die Rückseite der Lm-Kette gegengleich behäkeln, 2 Lm (= 17 M).

2. Rd: 1 Km, 1 fM, 2 hStb, 2 Stb, 5x 2 Stb in 1 M, 2 Stb, 1 fM, 1 Km. Den Rest des Flügels unbehäkelt lassen. Garn ca. 25 cm lang abschneiden.

SCHWANZFEDER

In Deep Amber 9 Lm anschl, ab der 3. Lm von der Nd aus 6 fM, 4 fM in 1 Lm, 6 fM in die Rückseite der Lm-Kette.

Garn ca. 25 cm lang abschneiden.

SCHNABEL

In Schwarz einen Magic-Ring anfertigen. Weiter in Spiralrd fM häkeln.

1. Rd: 4 fM in den Ring häkeln (= 4 M).

2. Rd: 4 fM häkeln.

3. Rd: Jede 2. fM verdoppeln (= 6 M).

1 Km in die 1. M der letzten Rd häkeln. Garn ca. 25 cm lang abschneiden. Den Schnabel mit etwas Füllwatte ausstopfen.

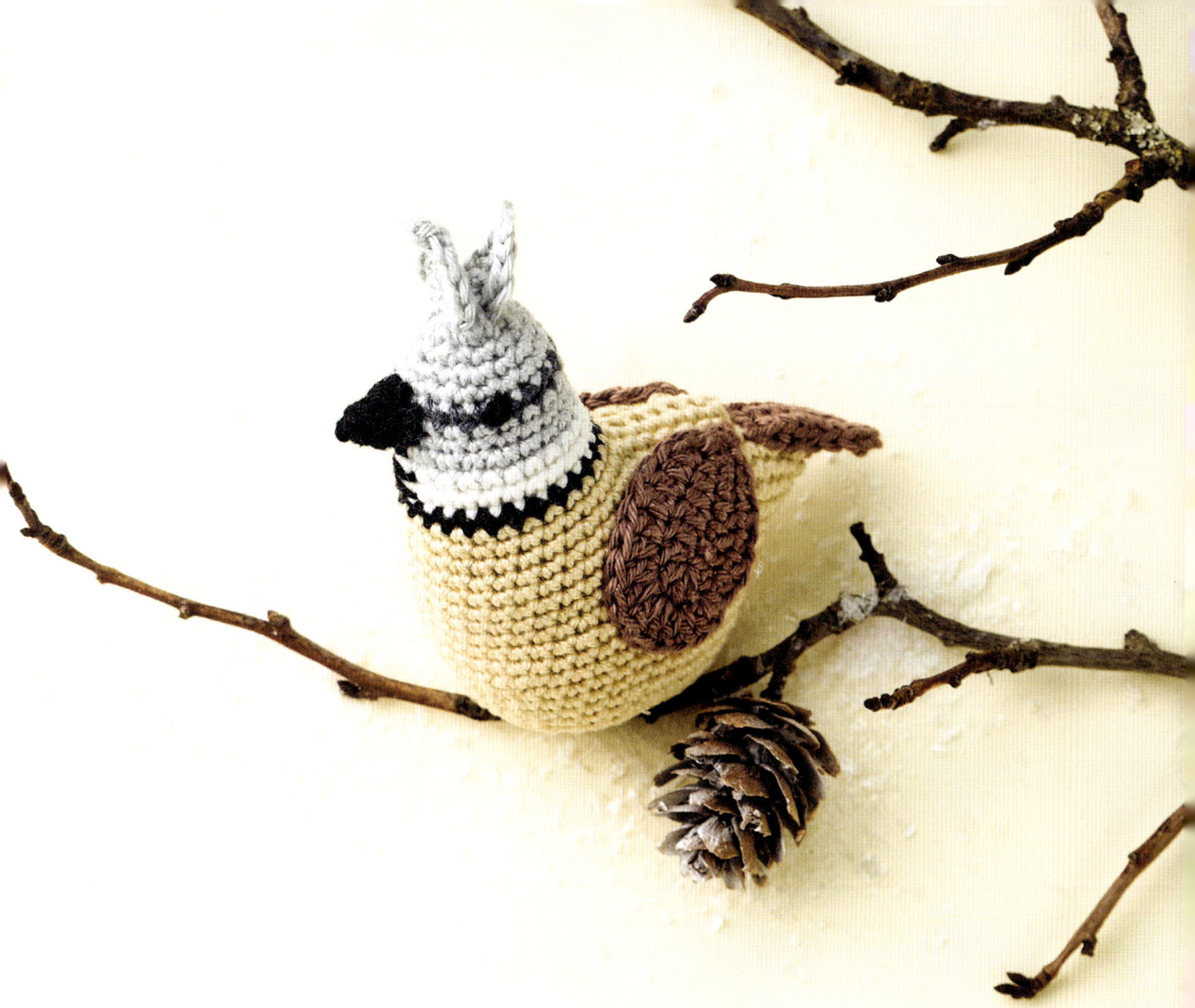

KLEINE HAUBENFEDER

In Silber 5 Lm anschl, ab der 3. Lm von der Nd aus 1 hStb, 1 fM, 1 Km, 2 Lm, Rückseite der Lm-Kette gegengleich behäkeln.
Garn ca. 25 cm lang abschneiden.

GROSSE HAUBENFEDER

In Silber 6 Lm anschl, ab der 3. Lm von der Nd aus 2 hStb, 1 fM, 1 Km, 2 Lm, Rückseite der Lm-Kette gegengleich behäkeln.
Garn ca. 25 cm lang abschneiden.

FERTIGSTELLUNG

Zuerst die kleine, darüber die große Haubenfeder am Kopf festnähen.
Den Schnabel am Kopf festnähen. Die Flügel beidseitig leicht schräg mit der Spitze nach oben zeigend am Körper festnähen. Die Schwanzfeder am Hinterteil festnähen. Mit Schwarz 2 Augen aufsticken. Unterhalb des Schnabels bis zur 12. Rd mit Schwarz 1 kleinen Spannstich auf jede Rd sticken.

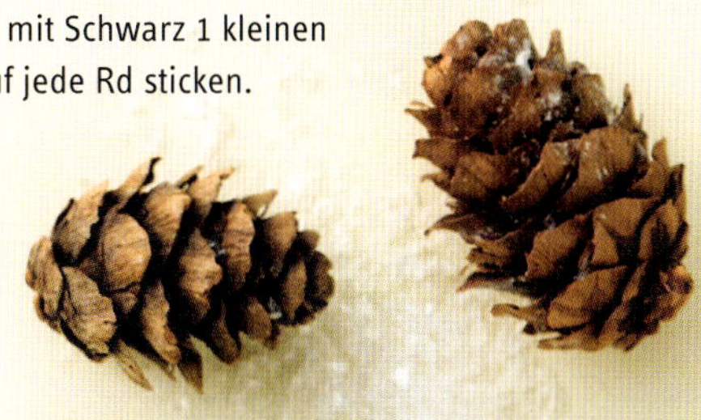

Emil, der Eisbär

SCHWIERIGKEIT 2

GRÖSSE

ca. 8,5 cm lang

MATERIAL

- Schachenmayr Catania (LL 125 m/50 g) in Weiß (Fb 106), Azalee (Fb 398), Tannenbaum (Fb 419), Signalrot (Fb 115), Taupe (Fb 254) und Schwarz (Fb 110), je 50 g oder Rest
- Häkelnadel 2,0 mm
- Füllwatte
- Wollnadel

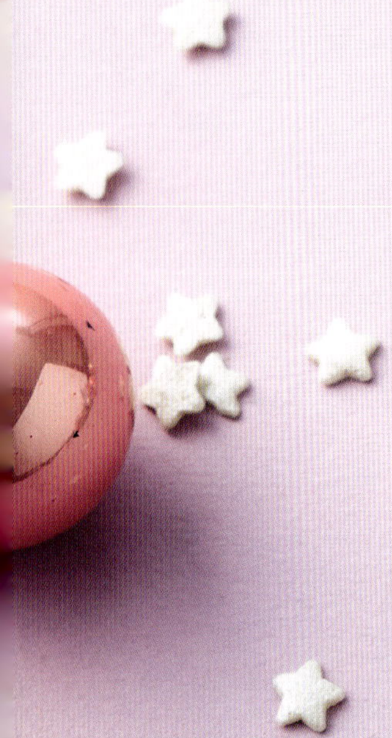

KOPF UND KÖRPER

In Weiß einen Magic-Ring anfertigen. Weiter in Spiralrd fM häkeln.

1. Rd: 4 fM in den Ring häkeln (= 4 M).

2. Rd: Jede 2. fM verdoppeln (= 6 M).

3. Rd: Jede 2. fM verdoppeln (= 9 M).

4. Rd: Jede 3. fM verdoppeln (= 12 M).

5. Rd: 12 fM häkeln.

6. Rd: Jede 4. fM verdoppeln (= 15 M).

7. Rd: 15 fM häkeln.

8. Rd: Jede 5. fM verdoppeln (= 18 M).

9. Rd: 18 fM häkeln.

10. Rd: 6x 1 fM verdoppeln, 12 fM häkeln (= 24 M).

11.–13. Rd: Jeweils 24 fM häkeln.

14. Rd: Jede 4. fM verdoppeln (= 30 M).

15.–24. Rd: Jeweils 30 fM häkeln.

25. Rd: Jede 4. und 5. fM zusammen abmaschen (= 24 M).

26. Rd: 24 fM häkeln.

27. Rd: Jede 3. und 4. fM zusammen abmaschen (= 18 M).

28. Rd: 18 fM häkeln.

Die Figur fortlaufend mit Füllwatte ausstopfen.

29. Rd: Jede 2. und 3. fM zusammen abmaschen (= 12 M).

30. Rd: Immer 2 fM zusammen abmaschen (= 6 M).

1 Km in die 1. M der letzten Rd häkeln. Garn ca. 25 cm lang abschneiden, mit der Wollnadel durch alle 6 vorderen M-Glieder fädeln, zusammenziehen und vernähen.

BEINE (4x)

In Weiß einen Magic-Ring anfertigen. Weiter in Spiralrd fM häkeln.

1. Rd: 8 fM in den Ring häkeln (= 8 M).

2.–5. Rd: Jeweils 8 fM häkeln.

6. Rd: 1 fM, 2 hStb in 1 M, 1 fM, 1 Km. Rest der Rd unbehäkelt lassen. Garn ca. 25 cm lang abschneiden. Das Bein mit Füllwatte ausstopfen.

OHREN (2x)

In Weiß einen Magic-Ring anfertigen. 3 fM in den Ring häkeln. Mit 1 Km in die 1. M zur Rd schließen. Garn ca. 25 cm lang abschneiden.

DECKE

1. Rd: In Azalee 16 Lm anschl, ab der 2. Lm von der Nd aus 14 fM, 3 fM in 1 Lm, die Rückseite der Lm-Kette mit 14 fM und 3 fM in 1 M behäkeln (= 34 M).

2. Rd: 14 fM, 3x 1 fM verdoppeln, 14 fM, 3x 1 fM verdoppeln (= 40 M).

3. Rd: 14 fM, 3x (1 fM, 1 fM verdoppeln), 14 fM, 3x (1 fM, 1 fM verdoppeln) (= 46 M).

4. Rd: 14 fM, 3x (2 fM, 1 fM verdoppeln), 14 fM, 3x (2 fM, 1 fM verdoppeln) (= 52 M).

Garn ca. 25 cm lang abschneiden. Mit Tannenbaum mittig mit kurzen Stichen einen Blumenstiel aufsticken, von dem von beiden Seiten jeweils 4 Blätter abgehen. Mit Signalrot an den Enden des Blumenstiels jeweils ein Herz aufsticken.

FERTIGSTELLUNG

Die Ohren am Kopf festnähen. Am Unterkörper des Eisbären die Beine festnähen, die Zunahme zeigt dabei nach außen. Für den Schwanz mit Weiß in die 4.letzte Rd 4 Lm anschl, ab der 2. Lm von der Nd aus 3 fM häkeln, wieder in den Körper einstechen, 1 Km. Garn abschneiden und vernähen. Mit einem geteilten Stück Garn in Schwarz die Augen und die Nase aufsticken. Mit einem geteilten Stück Garn in Taupe vorne unten auf jedes Bein vier Krallen aufsticken. Die Decke über den Rücken legen und rundherum mit kleinen Stichen festnähen.

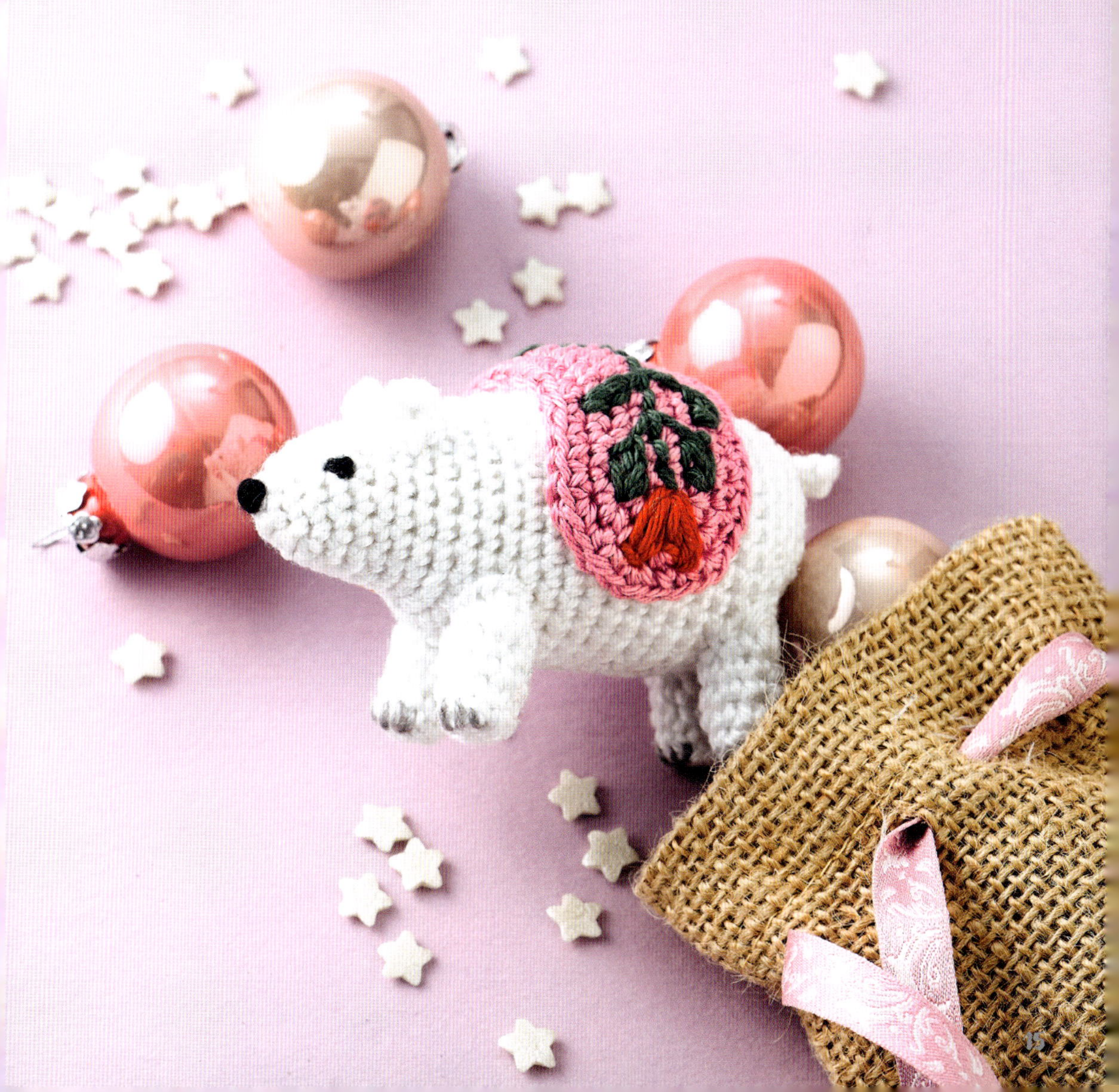

Allerliebster Adventskranz

SCHWIERIGKEIT 2

GRÖSSE

ca. 7 cm

MATERIAL

- Schachenmayr Catania (LL 125 m/50 g) in Tannenbaum (Fb 419), Weiß (Fb 106), Mango (Fb 411) und Signalrot (Fb 115), je 50 g oder Rest
- Häkelnadel 2,0 mm
- Füllwatte
- Wollnadel

ADVENTSKRANZ

In Tannenbaum einen Magic-Ring anfertigen. Weiter in Spiralrd fM häkeln.

1. Rd: 6 fM in den Ring häkeln (= 6 M).

2. Rd: Jede fM verdoppeln (= 12 M).

3. Rd: 12 fM, dabei nur in die hinteren M-Glieder häkeln.

4.-48. Rd: 3 Lm (= 1 Stb), 11 Stb, 1 Km in die 1. M der Rd, dabei nur in die hinteren M-Glieder häkeln (= 12 M).

Garn ca. 25 cm lang abschieden.

Den Kranz mit Füllwatte ausstopfen und zur Runde formen. Die 3. und die 48. Rd zusammennähen.

KERZEN (4x)

In Weiß einen Magic-Ring anfertigen. Weiter in Spiralrd fM häkeln.

1. Rd: 6 fM in den Ring häkeln (= 6 M).

2. Rd: Jede 2. fM verdoppeln (= 9 M).

3. Rd: 9 fM, dabei nur in die hinteren M-Glieder häkeln.

4.-8. Rd: Jeweils 9 fM häkeln.

9. Rd: Jede 2. und 3. fM zusammen abmaschen, dabei nur in die hinteren M-Glieder häkeln (= 6 M).

10. Rd (Mango): Jede 2. fM verdoppeln (= 9 M).

Die Kerze fortlaufend mit Füllwatte ausstopfen.

11. Rd: 9 fM häkeln.

12. Rd: Jede 2. und 3. fM zusammen abmaschen (= 6 M).

13. Rd: Immer 2 fM zusammen abmaschen (= 3 M).

1 Km in die 1. M der letzten Rd häkeln. Garn ca. 25 cm lang abschneiden, mit der Wollnadel durch alle 3 vorderen M-Glieder fädeln, zusammenziehen und vernähen.

FERTIGSTELLUNG

Die 4 Kerzen gleichmäßig verteilt auf dem Adventskranz festnähen. Zwischen den Kerzen jeweils ein Stück Garn in Signalrot um den Kranz binden, verknoten und eine Schleife machen.

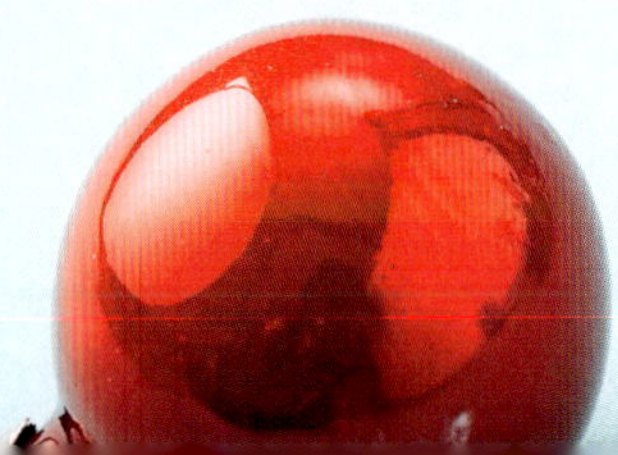

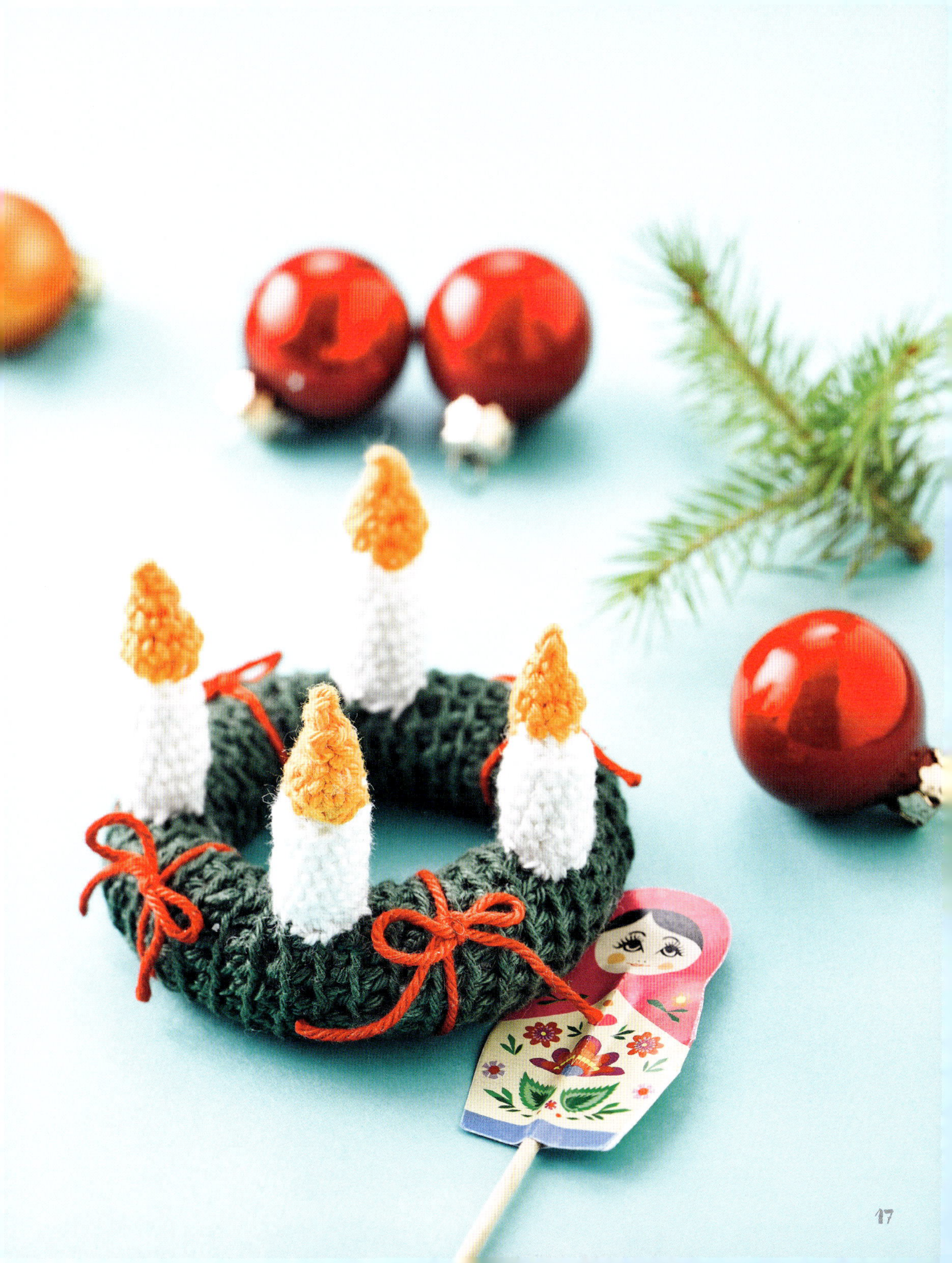

Lucia, das Lichtermädchen

SCHWIERIGKEIT 3

GRÖSSE

ca. 14 cm

MATERIAL

- Schachenmayr Catania (LL 125 m/50 g) in Rosé Gold (Fb 433), Weiß (Fb 106), Serenity (Fb 180), Vanille (Fb 403), Deep Amber (Fb 438), Sonne (Fb 208), Moos (Fb 412), Orchidee (Fb 222), Schwarz (Fb 110) und Signalrot (Fb 115), je 50 g oder Rest
- Häkelnadel 2,0 mm
- Füllwatte
- Wollnadel

KOPF UND KÖRPER

In Rosé Gold einen Magic-Ring anfertigen. Weiter in Spiralrd fM häkeln.

1. Rd: 6 fM in den Ring häkeln (= 6 M).

2. Rd: Jede fM verdoppeln (= 12 M).

3. Rd: Jede 2. fM verdoppeln (= 18 M).

4. Rd: 18 fM häkeln.

5. Rd: Jede 3. fM verdoppeln (= 24 M).

6.-10. Rd: Jeweils 24 fM häkeln.

11. Rd: Jede 3. und 4 fM zusammen abmaschen (= 18 M).

12. Rd: 18 fM häkeln.

13. Rd: Jede 2. und 3 fM zusammen abmaschen (= 12 M).

Die Figur fortlaufend mit Füllwatte ausstopfen.

14. Rd (Weiß): Jede 2. fM verdoppeln (= 18 M).

15. Rd: 18 fM häkeln.

16. Rd: Jede 3. fM verdoppeln (= 24 M).

17.-19. Rd: Jeweils 24 fM häkeln.

20. Rd: Jede 4. fM verdoppeln (= 30 M).

21.-23. Rd: Jeweils 30 fM häkeln.

24. Rd (Serenity): 30 fM, dabei nur in die hinteren M-Glieder häkeln.

25.+26. Rd: Jeweils 30 fM häkeln.

27. Rd: Jede 4. und 5. fM zusammen abmaschen (= 24 M).

28. Rd: 24 fM häkeln.

29. Rd: Jede 3. und 4. fM zusammen abmaschen (= 18 M).

30. Rd: Jede 2. und 3. fM zusammen abmaschen (= 12 M).

31. Rd: Immer 2 fM zusammen abmaschen (= 6 M).

1 Km in die 1. M der letzten Rd häkeln. Garn ca. 25 cm lang abschneiden, mit der Wollnadel durch alle 6 vorderen M-Glieder fädeln, zusammenziehen und vernähen.

ROCK

In Rd Stb häkeln.

1. Rd: In Weiß beginnend mit 3 Lm (= 1 Stb) in die vorderen M-Glieder der 23. Rd 29 Stb häkeln, 1 Km in die 1. M der Rd (= 30 M).

2. Rd: Beginnend mit 3 Lm (= 1 Stb) in jede 5. M 2 Stb häkeln, 1 Km in die 1. M der Rd (= 36 M).

3. Rd: Beginnend mit 3 Lm (= 1 Stb) 35 Stb häkeln, 1 Km in die 1. M.

4. Rd: fM häkeln, dabei jede 6. fM verdoppeln (= 42 M).

5. Rd: 42 fM häkeln.

Garn ca. 25 cm lang abschneiden und vernähen.

ARME (2x)

In Rosé Gold einen Magic-Ring anfertigen. Weiter in Spiralrd fM häkeln.

1. Rd: 6 fM in den Ring häkeln (= 6 M).

2.+3. Rd: Jeweils 6 fM häkeln.

4.-12. Rd (Weiß): Jeweils 6 fM häkeln.

Den Arm flach zusammendrücken und beginnend mit 1 Steige-Lm mit 3 fM zusammenhäkeln.

Garn ca. 25 cm lang abschneiden.

SCHUHE UND BEINE (2x)

In Spiralrd fM häkeln.

1. Rd: In Deep Amber 5 Lm anschl, ab der 2. Lm von der Nd aus 3 fM, 3 fM in 1 Lm, die Rückseite der Lm-Kette genauso behäkeln (= 12 M).

2. Rd: 12 fM, dabei nur in die hinteren M-Glieder häkeln.

3. Rd: 3 fM, 3x 2 fM zusammen abmaschen, 3 fM (= 9 M).

4. Rd: 9 fM häkeln.

5. Rd (Serenity): 9 fM, dabei nur in die hinteren M-Glieder häkeln.

6.+7. Rd: Jeweils 9 fM häkeln.

8. Rd (Rosé Gold): 9 fM häkeln.

9.-11. Rd: Jeweils 9 fM häkeln.
1 Km in die 1. M der letzten Rd häkeln.
Garn ca. 25 cm lang abschneiden.
Schuh und Bein mit Füllwatte stopfen.

HAARE

In Vanille einen Magic-Ring anfertigen. Weiter in Spiralrd fM häkeln.
1. Rd: 6 fM in den Ring häkeln (= 6 M).
2. Rd: Jede fM verdoppeln (= 12 M).
3. Rd: Jede 2. fM verdoppeln (= 18 M).
4. Rd: 18 fM häkeln.
5. Rd: Jede 3. fM verdoppeln (= 24 M).
6. Rd: Jede 12. fM verdoppeln (= 26 M).
7.-10. Rd: Jeweils 26 fM häkeln.
11. Rd: * 15 Lm, ab der 2. Lm von der Nd aus 14 Km, 1 Km in die M der 10. Rd, ab * noch 15x wdh, dann für den Rest der Rd: ** 1 Km, 2 Lm, ab ** noch 9x wdh.
1 Km in die 1. M der letzten Rd häkeln.
Garn ca. 25 cm lang abschneiden.

KRANZ

In Moos 32 Lm anschl, ab der 3. Lm von der Nd aus 30 hStb häkeln.
Garn ca. 25 cm lang abschneiden.

KERZEN (5x)

In Weiß 5 Lm anschl, ab der 2. Lm von der Nd aus 3 Km, Farbwechsel zu Sonne und in die letzte Lm 4 fM, 1 Km.
Garn ca. 25 cm lang abschneiden und vernähen.

BÄCKCHEN (2x)

In Orchidee einen Magic-Ring anfertigen.
5 fM in den Ring häkeln. Mit 1 Km in die 1. M zur Rd schließen.
Garn ca. 25 cm lang abschneiden.

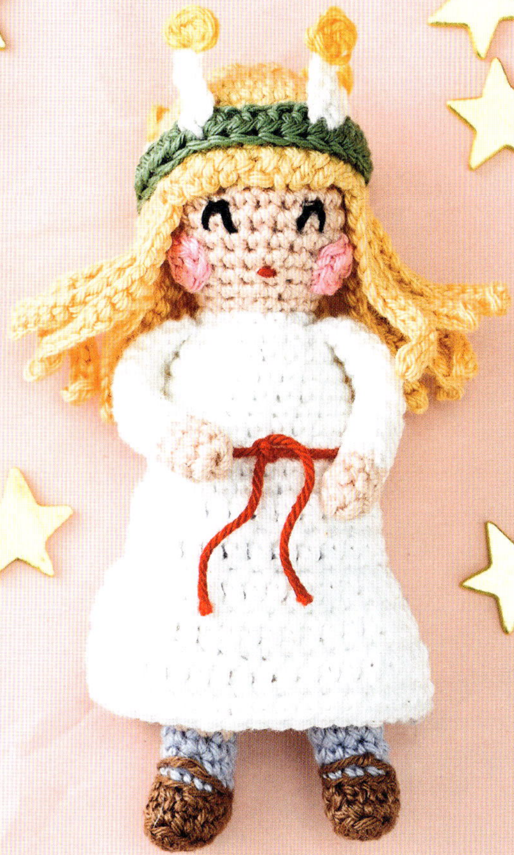

FERTIGSTELLUNG

Die Haare leicht schräg am Kopf festnähen. Den Kranz um den Kopf legen, hinten zusammennähen und rundherum mit ein paar Stichen fixieren. In gleichmäßigen Abständen die Kerzen am Kranz festnähen. Mit je einem geteilten Stück Garn in Schwarz die Augen und in Signalrot den Mund aufsticken. Die Bäckchen im Gesicht festnähen. Die Arme und Beine am Körper festnähen. In Deep Amber am Schuh eine Schnalle aufsticken, in der Mitte mit einem winzigen Stich fixieren. Ein Stück Garn in Signalrot um den Bauch legen, einen Knoten machen und auf die gewünschte Länge kürzen.

Linus, der Lebkuchenjunge

SCHWIERIGKEIT 1

GRÖSSE
ca. 13,5 cm

MATERIAL

- Schachenmayr Catania (LL 125 m/50 g) in Deep Amber (Fb 438), Fresie (Fb 251), Orchidee (Fb 222), Weiß (Fb 106), Signalrot (Fb 115) und Schwarz (Fb 110), je 50 g oder Rest
- Häkelnadel 2,0 mm
- Füllwatte
- Wollnadel

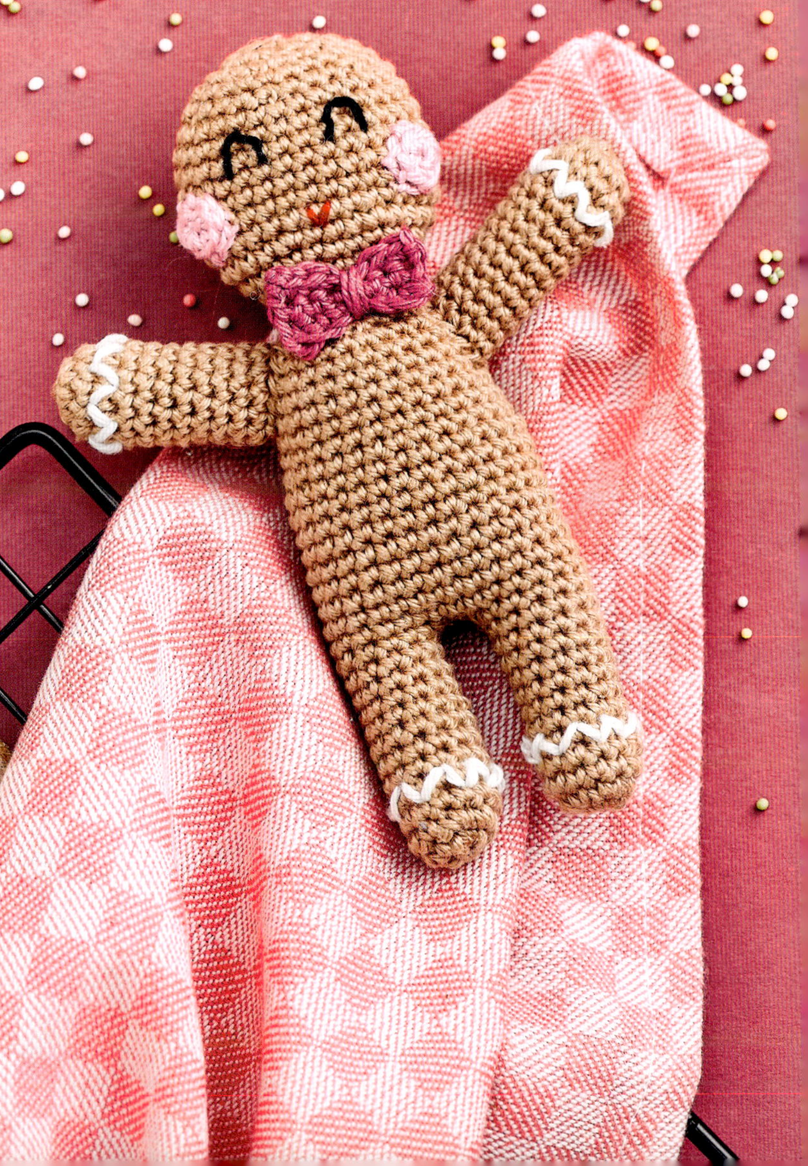

KOPF, KÖRPER UND BEINE

1. Bein

In Deep Amber einen Magic-Ring anfertigen. Weiter in Spiralrd fM häkeln.
1. Rd: 6 fM in den Ring häkeln (= 6 M).
2. Rd: Jede fM verdoppeln (= 12 M).
3.–13. Rd: Jeweils 12 fM häkeln.
Garn ca. 25 cm lang abschneiden und vernähen.

2. Bein

Genauso wie das 1. Bein häkeln, Garn aber nicht abschneiden.
Jetzt wird der Körper ausgehend von 2. Bein gehäkelt:
1. Rd: 2 Lm anschl, 12 fM über die M des 1. Beins häkeln, 2 fM entlang der Lm-Kette, 12 fM über die M des 2. Beins, 2 fM in die Rückseite der Lm-Kette (= 28 M).
2.–10. Rd: Jeweils 28 fM häkeln.
11. Rd: 6 fM, 2 fM zusammen abmaschen, 12 fM, 2 fM zusammen abmaschen, 6 fM (= 26 M).
12.–16. Rd: Jeweils 26 fM häkeln.
17. Rd: 6 fM, 2 fM zusammen abmaschen, 11 fM, 2 fM zusammen abmaschen, 5 fM (= 24 M).
Den Lebkuchenjungen flach drücken und fortlaufend mit Füllwatte ausstopfen, dabei darauf achten, dass der Lebkuchenjunge eine flache Form bekommt.
18. Rd: Jede 3. und 4. fM zusammen abmaschen (= 18 M).
19. Rd: 18 fM häkeln.
20. Rd: Jede 2. und 3. fM zusammen abmaschen (= 12 M).
21. Rd: Jede 2. fM verdoppeln (= 18 M).
22. Rd: Jede 3. fM verdoppeln (= 24 M).
23. Rd: Jede 4. fM verdoppeln (= 30 M).
24.–33. Rd: Jeweils 30 fM häkeln.
34. Rd: Jede 4. und 5. fM zusammen abmaschen (= 24 M).
35. Rd: 24 fM häkeln.
36. Rd: Jede 3. und 4. fM zusammen abmaschen (= 18 M).
37. Rd: Jede 2. und 3. fM zusammen abmaschen (= 12 M).
38. Rd: Immer 2 fM zusammen abmaschen (= 6 M).
1 Km in die 1. M der letzten Rd häkeln.
Garn ca. 25 cm lang abschneiden, mit der Wollnadel durch alle 6 vorderen M-Glieder fädeln, zusammenziehen und vernähen.

ARME (2x)

In Deep Amber einen Magic-Ring anfertigen. Weiter in Spiralrd fM häkeln.
1. Rd: 6 fM in den Ring häkeln (= 6 M).
2. Rd: Jede fM verdoppeln (= 12 M).
3.–13. Rd: Jeweils 12 fM häkeln.
1 Km in die 1. M der letzten Rd häkeln.
Garn ca. 25 cm lang abschneiden.
Den Arm mit Füllwatte ausstopfen.

BÄCKCHEN (2x)

In Orchidee einen Magic-Ring anfertigen.
5 fM in den Ring häkeln. Mit 1 Km in die 1. M zur Rd schließen.
Garn ca. 25 cm lang abschneiden.

SCHLEIFE

1. R: In Fresie 7 Lm anschl, ab der 2. Lm von der Nd aus 6 fM, 1 Wende-Lm häkeln (= 6 M).
2.+3. R: Jeweils 6 fM, 1 Wende-Lm häkeln.
Garn ca. 25 cm lang abschneiden und vernähen. Um die Mitte der Schleife ein paar Mal ein ca. 30 cm langes Stück Garn in Fresie wickeln und vernähen.

FERTIGSTELLUNG

Die Arme beidseitig am Körper festnähen. Mit je einem geteilten Stück Garn in Schwarz die Augen und in Signalrot den Mund aufsticken. Die Bäckchen im Gesicht festnähen. Die Schleife um den Hals legen und mit ein paar Stichen festnähen. Für den Zuckerguss in Weiß über die 4. Rd von Armen und Beinen ein Zick-Zack-Muster aufsticken.

Köstlicher Kakao

SCHWIERIGKEIT 2

GRÖSSE

ca. 7 cm

MATERIAL

- Schachenmayr Catania (LL 125 m/50 g) in Rosa (Fb 246), Weiß (Fb 106), Natur (Fb 105), Marone (Fb 157), Rauchgrau (Fb 435), Schwarz (Fb 110) und Pink (Fb 225), je 50 g oder Rest
- Häkelnadel 2,0 mm
- Füllwatte
- Wollnadel

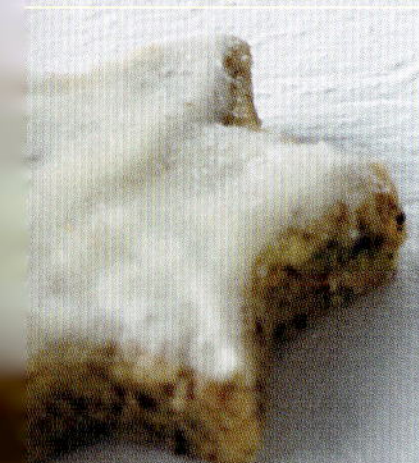

BECHER

In Rosa einen Magic-Ring anfertigen. Weiter in Spiralrd fM häkeln.

1. Rd: 6 fM in den Ring häkeln (= 6 M).
2. Rd: Jede fM verdoppeln (= 12 M).
3. Rd: Jede 2. fM verdoppeln (= 18 M).
4. Rd: * 1 fM, 1 fM verdoppeln, 1 fM, ab * noch 5x wdh (= 24 M).
5. Rd: Jede 4. fM verdoppeln (= 30 M).
6. Rd: * 2 fM, 1 fM verdoppeln, 2 fM, ab * noch 5x wdh (= 36 M).
7. Rd: Jede 6. fM verdoppeln (= 42 M).
8. Rd: * 3 fM, 1 fM verdoppeln, 3 fM, ab * noch 5x wdh (= 48 M).
9. Rd: Jede 8. fM verdoppeln (= 54 M).
10. Rd: * 4 fM, 1 fM verdoppeln, 4 fM, ab * noch 5x wdh (= 60 M).
11.-16. Rd: Jeweils 60 fM häkeln.
17. Rd (Weiß): 60 fM häkeln.
18.-28. Rd: Jeweils 60 fM häkeln.
Garn nicht abschneiden und Becher beiseitestellen.

KAKAO

In Marone einen Magic-Ring anfertigen. Weiter in Spiralrd fM häkeln.

1. Rd: 6 fM in den Ring häkeln (= 6 M).
2. Rd: Jede fM verdoppeln (= 12 M).
3. Rd: Jede 2. fM verdoppeln (= 18 M).
4. Rd: * 1 fM, 1 fM verdoppeln, 1 fM, ab * noch 5x wdh (= 24 M).
5. Rd: Jede 4. fM verdoppeln (= 30 M).
6. Rd: * 2 fM, 1 fM verdoppeln, 2 fM, ab * noch 5x wdh (= 36 M).
7. Rd: Jede 6. fM verdoppeln (= 42 M).
8. Rd: * 3 fM, 1 fM verdoppeln, 3 fM, ab * noch 5x wdh (= 48 M).
9. Rd: Jede 8. fM verdoppeln (= 54 M).
10. Rd: * 4 fM, 1 fM verdoppeln, 4 fM, ab * noch 5x wdh (= 60 M).
Garn ca. 25 cm lang abschneiden und vernähen.

HENKEL

In Rosa einen Magic-Ring anfertigen. Weiter in Spiralrd fM häkeln.

1. Rd: 8 fM in den Ring häkeln (= 8 M).
2. Rd: 8 fM, dabei nur die in hinteren M-Glieder häkeln (= 8 M).
3.-26. Rd: Jeweils 8 fM häkeln.
Garn ca. 25 cm lang abschneiden.

OHREN (2x)

In Natur einen Magic-Ring anfertigen. Weiter in Spiralrd fM häkeln.

1. Rd: 6 fM in den Ring häkeln (= 6 M).
2. Rd: Jede fM verdoppeln (= 12 M).
3.-5. Rd: Jeweils 12 fM häkeln.
Das Ohr flach zusammendrücken und beginnend mit 1 Steige-Lm mit 6 fM zusammenhäkeln.
Garn ca. 25 cm lang abschneiden.

SCHNAUZE

1. R: In Rauchgrau 5 Lm anschl, ab der 2. Lm von der Nd aus 3 fM, 3 fM in 1 M, die Rückseite der Lm-Kette gegengleich behäkeln (= 12 M).
2. Rd: 3 fM, 3x 1 fM verdoppeln, 3 fM, 3x 1 fM verdoppeln (= 18 M).
1 Km in die 1. M der letzten Rd häkeln.
Garn ca. 25 cm lang abschneiden. Mit einem geteilten Stück Garn in Schwarz Nase und Mund aufsticken.

BÄCKCHEN (2x)

In Pink einen Magic-Ring anfertigen. 6 fM in den Ring häkeln. Mit 1 Km in die 1. M zur Rd schließen. Garn ca. 25 cm lang abschneiden.

MARSHMALLOWS (3x)

In Natur einen Magic-Ring anfertigen. Weiter in Spiralrd fM häkeln.

1. Rd: 6 fM in den Ring häkeln (= 6 M).
2. Rd: Jede fM verdoppeln (= 12 M).
3. Rd: 12 fM, dabei nur in die hinteren M-Glieder häkeln.
4. Rd: 12 fM häkeln.

1 Km in die 1. M der letzten Rd häkeln. Garn ca. 25 cm lang abschneiden. Das Marshmallow mit etwas Füllwatte ausstopfen und auf dem Kakao festnähen.

FERTIGSTELLUNG

Den Becher mit Füllwatte ausstopfen, Kakao darauflegen und beide Teile in Weiß durch alle 4 M-Glieder zusammenhäkeln. Garn ca. 25 cm lang abschneiden und vernähen. Ohren mit 6 M Abstand zueinander am Becherrand festnähen. Die Schnauze auf dem Becher festnähen. Mit Schwarz die Augen aufsticken. Beidseitig die Bäckchen am Becher festnähen. An der rechten Seite des Bechers den Henkel festnähen.

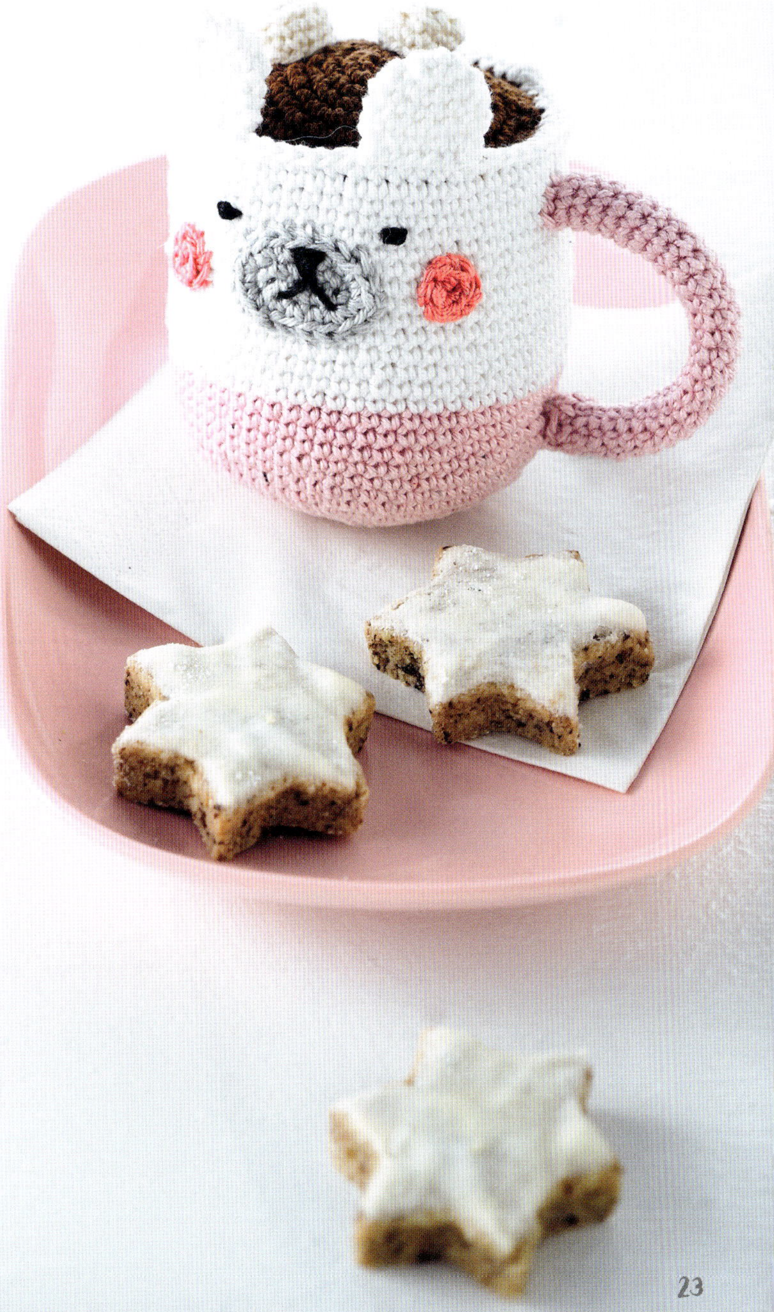

Pippa, der Pinguin

SCHWIERIGKEIT 3

GRÖSSE
ca. 8,5 cm

MATERIAL

- Schachenmayr Catania (LL 125 m/50 g) in Schwarz (Fb 110), Gold (Fb 249), Hyazinth (Fb 240), Weiß (Fb 106), Rauchgrau (Fb 435), Natur (Fb 105), Tannenbaum (Fb 419), Orchidee (Fb 222) und Signalrot (Fb 115), je 50 g oder Rest
- Häkelnadel 2,0 mm
- Füllwatte
- Wollnadel

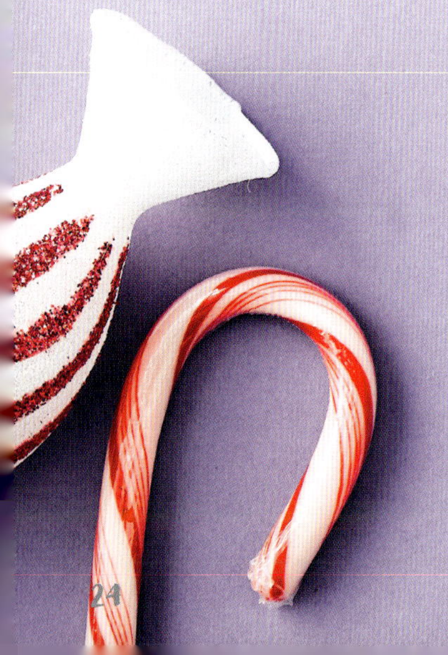

KOPF UND KÖRPER

In Schwarz einen Magic-Ring anfertigen. Weiter in Spiralrd fM häkeln.
1. Rd: 6 fM in den Ring häkeln (= 6 M).
2. Rd: Jede fM verdoppeln (= 12 M).
3. Rd: Jede 2. fM verdoppeln (= 18 M).
4. Rd: Jede 3. fM verdoppeln (= 24 M).
5. Rd: 24 fM häkeln.
6. Rd: Jede 4. fM verdoppeln (= 30 M).
7.-12. Rd: Jeweils 30 fM häkeln.
13. Rd: Jede 4. und 5. fM zusammen abmaschen (= 24 M).
14. Rd (Hyazinth): Jede 4. fM verdoppeln, dabei nur in die hinteren M-Glieder häkeln (= 30 M).
15. Rd: 30 fM häkeln.
16. Rd: Jede 5. fM verdoppeln (= 36 M).
17.-19. Rd: Jeweils 36 fM häkeln.
20. Rd: Jede 6. fM verdoppeln (= 42 M).
21.-24. Rd: Jeweils 42 fM häkeln.
25. Rd: Jede 6. und 7. fM zusammen abmaschen (= 36 M).
26. Rd: 36 fM häkeln.
27. Rd (Rauchgrau): 36 fM, dabei nur in die hinteren M-Glieder häkeln. Die Figur fortlaufend mit Füllwatte ausstopfen.
28. Rd: Jede 5. und 6. fM zusammen abmaschen (= 30 M).
29. Rd: 30 fM häkeln.
30. Rd: Jede 4. und 5. fM zusammen abmaschen (= 24 M).
31. Rd: Jede 3. und 4. fM zusammen abmaschen (= 18 M).
32. Rd: Jede 2. und 3. fM zusammen abmaschen (= 12 M).
33. Rd: Immer 2 fM zusammen abmaschen (= 6 M).
1 Km in die 1. M der letzten Rd häkeln. Garn ca. 25 cm lang abschneiden, mit der Wollnadel durch alle 6 vorderen M-Glieder fädeln, zusammenziehen und vernähen.

FLÜGEL (2x)

In Rauchgrau einen Magic-Ring anfertigen. Weiter in Spiralrd fM häkeln.
1. Rd: 6 fM in den Ring häkeln (= 6 M).
2. Rd: Jede 2. fM verdoppeln (= 9 M).
3. Rd: Jede 3. fM verdoppeln (= 12 M).
4. Rd (Hyazinth): 12 fM häkeln.
5.-8. Rd: 12 fM häkeln.
9. Rd: Jede 3. und 4. fM zusammen abmaschen (= 9 M).
Den Flügel flach zusammendrücken und beginnend mit 1 Steige-Lm mit 4 fM zusammenhäkeln.
Garn ca. 25 cm lang abschneiden.

GESICHT

1. R: In Natur 9 Lm anschl, ab der 2. Lm von der Nd aus 8 fM, 1 Wende-Lm (= 8 M).
2.+3. R: Jeweils 8 fM, 1 Wende-Lm häkeln.
4. R: 1 M überspringen, 5 Stb in 1 M, 1 M überspringen, 1 Km, 1 M überspringen, 5 Stb in 1 M, 1 M überspringen, 1 Km.
Garn ca. 25 cm lang abschneiden.

SCHNABEL

In Gold einen Magic-Ring anfertigen. Weiter in Spiralrd fM häkeln.

1. Rd: 4 fM in den Ring häkeln (= 4 M).
2. Rd: Jede 2. fM verdoppeln (= 6 M).

1 Km in die 1. M der letzten Rd häkeln. Garn ca. 25 cm lang abschneiden. Den Schnabel mit etwas Füllwatte ausstopfen.

FÜSSE (2x)

In Gold einen Magic-Ring anfertigen. Weiter in Spiralrd fM häkeln.

1. Rd: 6 fM in den Ring häkeln (= 6 M).
2. Rd: Jede 2. fM verdoppeln (= 9 M).
3.-5. Rd: Jeweils 9 fM häkeln.

Den Fuß flach zusammendrücken und beginnend mit 1 Steige-Lm mit 4 fM zusammenhäkeln.
Garn ca. 25 cm lang abschneiden.

BÄCKCHEN (2x)

In Orchidee einen Magic-Ring anfertigen.
5 fM in den Ring häkeln. Mit 1 Km in die 1. M zur Rd schließen.
Garn ca. 25 cm lang abschneiden.

SCHLEIFE

1. R: In Tannenbaum 7 Lm anschl, ab der 2. Lm von der Nd aus 6 fM, 1 Wende-Lm häkeln (= 6 M).
2.+3. R: Jeweils 6 fM, 1 Wende-Lm häkeln.

Garn ca. 25 cm lang abschneiden und vernähen. Um die Mitte der Schleife ein paar Mal ein ca. 30 cm langes Stück Garn in Tannenbaum wickeln und vernähen.

ZUCKERSTANGE

In Weiß 12 Lm anschl, ab der 2. Lm von der Nd aus 3 fM, 2x 1 fM verdoppeln, 6 fM. Garn ca. 25 cm lang abschneiden.

FERTIGSTELLUNG

Den Pinguin kopfüber halten. Beginnend mit 2 Lm (= 1 hStb) in die vorderen M-Glieder der 13. Rd hStb häkeln, dabei in jede 4. M 2 hStb häkeln. Mit 1 Km in die 1. M schließen. Garn ca. 25 cm lang abschneiden und vernähen. Das Gesicht am Kopf festnähen, dabei darauf achten, dass die Unterseite bündig mit der 13. Rd ist. Den Schnabel auf dem Gesicht festnähen. Mit einem geteilten Stück Garn in Schwarz die Augen aufsticken. Die Bäckchen im Gesicht festnähen. Die Schleife auf dem Kopf festnähen. Die Flügel beidseitig am Körper festnähen. Die Füße an der Unterseite festnähen. Die Zuckerstange mittig auf dem Pullover festnähen. Mit einem Stück Garn in Signalrot in gleichmäßigen Abständen leicht schräg immer 2 Stiche auf die Zuckerstange sticken.

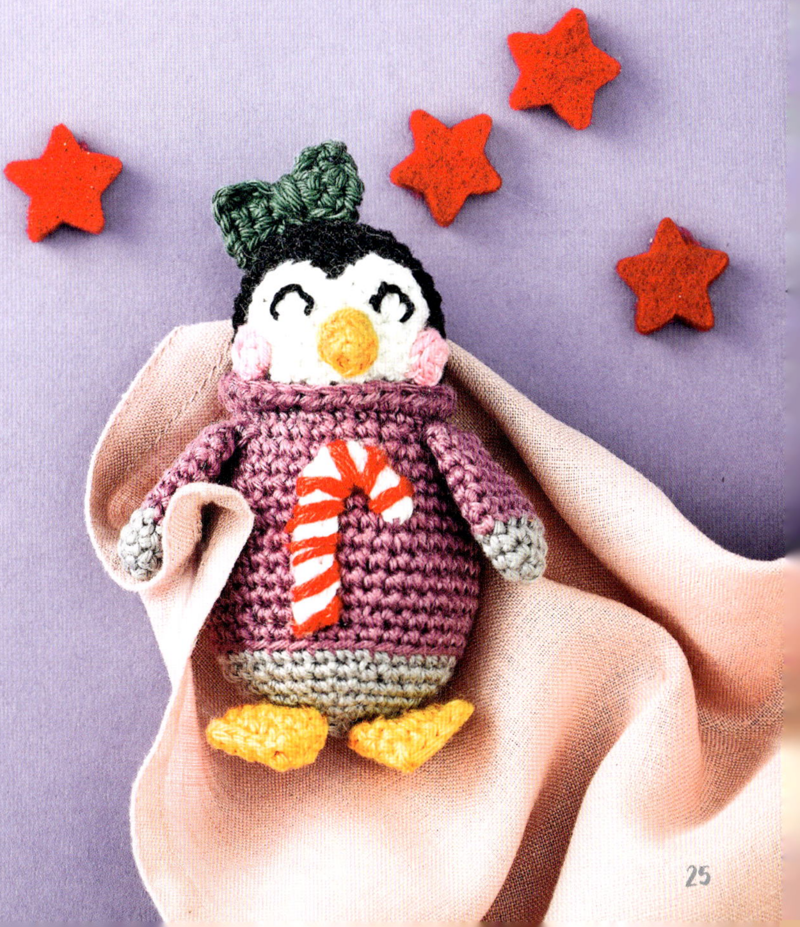

Pauline, der Polarfuchs

SCHWIERIGKEIT 3

GRÖSSE
ca. 12 cm

MATERIAL

- Schachenmayr Catania (LL 125 m/50 g) in Reseda (Fb 402), Natur (Fb 105), Fresie (Fb 251), Marone (Fb 157), Tannenbaum (Fb 419), Orchidee (Fb 222) und Schwarz (Fb 110), je 50 g oder Rest
- Häkelnadel 2,0 mm
- Füllwatte
- Wollnadel

KOPF UND KÖRPER

In Natur einen Magic-Ring anfertigen. Weiter in Spiralrd fM häkeln.

1. Rd: 6 fM in den Ring häkeln (= 6 M).
2. Rd: Jede fM verdoppeln (= 12 M).
3. Rd: Jede 2. fM verdoppeln (= 18 M).
4. Rd: Jede 3. fM verdoppeln (= 24 M).
5. Rd: 24 fM häkeln.
6. Rd: Jede 4. fM verdoppeln (= 30 M).
7.-10. Rd: Jeweils 30 fM häkeln.
11. Rd: Jede 4. und 5. fM zusammen abmaschen (= 24 M).
12. Rd: 24 fM häkeln.
13. Rd: Jede 3. und 4. fM zusammen abmaschen (= 18 M).
14. Rd (Reseda): Jede 3. fM verdoppeln, dabei nur die hinteren M-Glieder häkeln (= 24 M).
15. Rd: Jede 4. fM verdoppeln (= 30 M).
16. Rd: 30 fM häkeln.
17. Rd: Jede 5. fM verdoppeln (= 36 M).
18.-20. Rd: Jeweils 36 fM häkeln.
21. Rd: Jede 6. fM verdoppeln (= 42 M).
22.-25. Rd: Jeweils 42 fM häkeln.
26. Rd: Jede 6. und 7. fM zusammen abmaschen (= 36 M).
27. Rd: 36 fM häkeln.
28. Rd. (Natur): 36 fM, dabei nur in die hinteren M-Glieder häkeln.
Die Figur fortlaufend mit Füllwatte ausstopfen.
29. Rd: Jede 5. und 6. fM zusammen abmaschen (= 30 M).
30. Rd: 30 fM häkeln.
31. Rd: Jede 4. und 5. fM zusammen abmaschen (= 24 M).

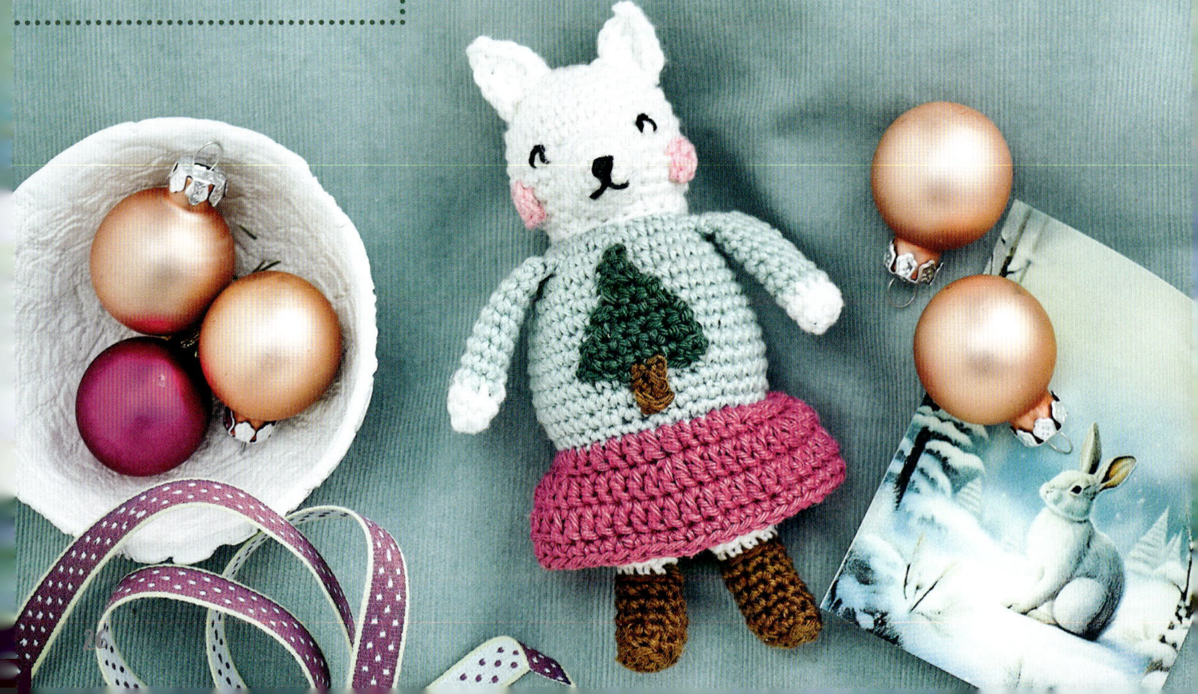

32. Rd: Jede 3. und 4. fM zusammen abmaschen (= 18 M).
33. Rd: Jede 2. und 3. fM zusammen abmaschen (= 12 M).
34. Rd: Immer 2 fM zusammen abmaschen (= 6 M).
1 Km in die 1. M der letzten Rd häkeln.
Garn ca. 25 cm lang abschneiden, mit der Wollnadel durch alle 6 vorderen M-Glieder fädeln, zusammenziehen und vernähen.

ROCK

In Rd Stb häkeln.
1. Rd: In Fresie beginnend mit 3 Lm (= 1 Stb) in die vorderen M-Glieder der 27. Rd 35 Stb häkeln, 1 Km in die 1. M der Rd (= 36 M).
2. Rd: Beginnend mit 3 Lm (= 1 Stb) in jede 6. M 2 Stb häkeln, 1 Km in die 1. M der Rd (= 42 M).
3. Rd: Beginnend mit 3 Lm (= 1 Stb) 41 Stb häkeln, 1 Km in die 1. M (= 42 M).
4. Rd: 42 fM häkeln.
1 Km in die 1. M der letzten Rd häkeln.
Garn ca. 25 cm lang abschneiden und vernähen.

ARME (2x)

In Natur einen Magic-Ring anfertigen.
Weiter in Spiralrd fM häkeln.
1. Rd: 8 fM in den Ring häkeln (= 8 M).
2.+3. Rd: Jeweils 8 fM häkeln.
4. Rd (Reseda): 8 fM häkeln.
5.-11. Rd: Jeweils 8 fM häkeln
Den Arm flach zusammendrücken und beginnend mit 1 Steige-Lm mit 4 fM zusammenhäkeln.
Garn ca. 25 cm lang abschneiden.

STIEFEL UND BEINE (2x)

In Spiralrd fM häkeln.
1. Rd: In Marone 5 Lm anschl, ab der 2. Lm von der Nd aus 3 fM, 3 fM in 1 M, die Rückseite der Lm-Kette genauso behäkeln (= 12 M).
2. Rd: 12 fM, dabei nur in die hinteren M-Glieder häkeln (= 12 M).
3. Rd: 3 fM, 3x 2 fM zusammen abmaschen, 3 fM (= 9 M).
4.-7. Rd: 9 fM häkeln.
8. Rd (Natur): 9 fM, dabei nur in die hinteren M-Glieder häkeln.
9. Rd: Jede 3. fM verdoppeln (= 12 M).
10.+11. Rd: Jeweils 12 fM häkeln.
1 Km in die 1. M der letzten Rd häkeln.
Garn ca. 25 cm lang abschneiden.
Stiefel und Bein mit Füllwatte ausstopfen.

OHREN (2x)

In Natur 6 Lm anschl, ab der 3. Lm von der Nd aus 2 hStb, 1 fM, 1 Km, 2 Lm, die Rückseite der Lm-Kette gegengleich behäkeln.
Garn ca. 25 cm lang abschneiden.

BÄCKCHEN (2x)

In Orchidee einen Magic-Ring anfertigen.
5 fM in den Ring häkeln. Mit 1 Km in die 1. M zur Rd schließen.
Garn ca. 25 cm lang abschneiden.

SCHNAUZE

In Natur einen Magic-Ring anfertigen.
Weiter in Spiralrd fM häkeln.
1. Rd: 6 fM in den Ring häkeln (= 6 M).
2. Rd: Jede 2. fM verdoppeln (= 9 M).
3. Rd: Jede 3. fM verdoppeln (= 12 M).
4. Rd: 12 fM häkeln.
1 Km in die 1. M der letzten Rd häkeln.
Garn ca. 25 cm lang abschneiden.
Die Schnauze mit etwas Füllwatte ausstopfen.

TANNENBAUM

1. R: In Tannenbaum 8 Lm anschl, ab der 2. Lm von der Nd aus 7 fM, 1 Wende-Lm (= 7 M).
2. R: 1 M überspringen, 6 fM, 1 Wende-Lm (= 6 M).
3. R: 1 M überspringen, 5 fM, 1 Wende-Lm (= 5 M).
4. R: 1 M überspringen, 4 fM, 1 Wende-Lm (= 4 M).
5. R: 1 M überspringen, 3 fM, 1 Wende-Lm (= 3 M).
6. R: 1 M überspringen, 2 fM, 1 Wende-Lm (= 2 M).
7. R: 1 M überspringen, 1 fM (= 1 M).
Garn ca. 25 cm lang abschneiden.
Für den Baumstamm in Marone aus der 3. M der Unterseite 4 Lm anschl, ab der 3. Lm von der Nd aus 2 fM, in die 4. M der Unterseite einstechen, 1 Km. Garn ca. 25 cm lang abschneiden.

FERTIGSTELLUNG

Ohren und Schnauze am Kopf festnähen. Arme und Beine am Körper festnähen. Mit einem geteilten Stück Garn in Schwarz Augen, Nase und Mund aufsticken. Die Bäckchen im Gesicht festnähen. Den Tannenbaum mittig auf dem Pullover festnähen.

Mats, die Maus

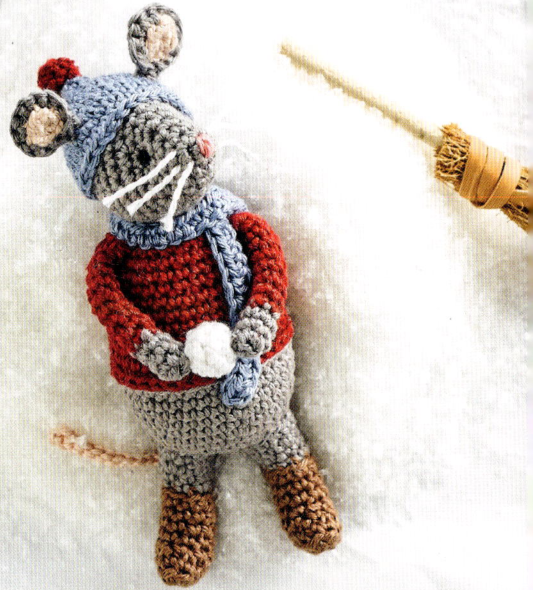

SCHWIERIGKEIT 3

GRÖSSE
ca. 14 cm

MATERIAL

- Schachenmayr Catania (LL 125 m/50 g) in Rauchgrau (Fb 435), Weinrot (Fb 192), Deep Amber (Fb 438), Rosé Gold (Fb 433), Wolke (Fb 247), Weiß (Fb 106), Pink (Fb 225) und Schwarz (Fb 110), je 50 g oder Rest
- Häkelnadel 2,0 mm
- Füllwatte
- Wollnadel

KÖRPER

In Rauchgrau einen Magic-Ring anfertigen. Weiter in Spiralrd fM häkeln.

1. Rd: 6 fM in den Ring häkeln (= 6 M).
2. Rd: Jede fM verdoppeln (= 12 M).
3. Rd: Jede 2. fM verdoppeln (= 18 M).
4. Rd: * 1 fM, 1 fM verdoppeln, 1 fM, ab * noch 5x wdh (= 24 M).
5. Rd: 24 fM häkeln.
6. Rd: Jede 4. fM verdoppeln (= 30 M).
7. Rd: 30 fM häkeln.
8. Rd: Jede 5. fM verdoppeln (= 36 M).
9.+10. Rd: Jeweils 36 fM häkeln.
11. Rd (Weinrot): 36 fM, dabei nur in die hinteren M-Glieder häkeln.
12. Rd: 36 fM häkeln.
13. Rd: Jede 5. und 6. fM zusammen abmaschen (= 30 M).
14.-17. Rd: Jeweils 30 fM häkeln.
18. Rd: Jede 4. und 5. fM zusammen abmaschen (= 24 M).
19.+20. Rd: Jeweils 24 fM häkeln.
21. Rd: Jede 3. und 4. fM zusammen abmaschen (= 18 M).
22. Rd: 18 fM häkeln.
23. Rd: Jede 2. und 3. fM zusammen abmaschen (= 12 M).

1 Km in die 1. M der letzten Rd häkeln. Garn ca. 25 cm lang abschneiden. Den Körper mit Füllwatte ausstopfen.

KOPF

In Rauchgrau einen Magic-Ring anfertigen. Weiter in Spiralrd fM häkeln.

1. Rd: 6 fM in den Ring häkeln (= 6 M).
2. Rd: Jede 2. fM verdoppeln (= 9 M).
3. Rd: Jede 3. fM verdoppeln (= 12 M).
4. Rd: 12 fM häkeln.
5. Rd: Jede 2. fM verdoppeln (= 18 M).
6.+7. Rd: Jeweils 18 fM häkeln.
8. Rd: Jede 3. fM verdoppeln (= 24 M).
9.-12. Rd: Jeweils 24 fM häkeln.
13. Rd: Jede 3. und 4. fM zusammen abmaschen (= 18 M).

Den Kopf fortlaufend mit Füllwatte ausstopfen.

14. Rd: 18 fM häkeln.
15. Rd: Jede 2. und 3. fM zusammen abmaschen (= 12 M).
16. Rd: Immer 2 fM zusammen abmaschen (= 6 M).

1 Km in die 1. M der letzten Rd häkeln. Garn ca. 25 cm lang abschneiden, mit der Wollnadel durch alle 6 vorderen M-Glieder fädeln, zusammenziehen und vernähen.

Für die Augen den Kopf leicht zusammendrücken, auf Höhe der 6. Rd mit 6 M Abstand mit einem Stück Garn in Rauchgrau einen Stich quer durch den Kopf machen, leicht zusammenziehen und vernähen. So entstehen die Augenhöhlen. Mit einem geteilten Stück Garn in Schwarz die Augen aufsticken.

ARME (2x)

In Rauchgrau einen Magic-Ring anfertigen. Weiter in Spiralrd fM häkeln.
1. Rd: 6 fM in den Ring häkeln (= 6 M).
2.+3. Rd: Jeweils 6 fM häkeln.
4.-12. Rd (Weinrot): Jeweils 6 fM häkeln.
Den Arm flach zusammendrücken und beginnend mit 1 Steige-Lm mit 3 fM zusammenhäkeln.
Garn ca. 25 cm lang abschneiden.

STIEFEL UND BEINE (2x)

In Spiralrd fM häkeln.
1. Rd: In Deep Amber 5 Lm anschl, ab der 2. Lm von der Nd aus 3 fM, 3 fM in 1 M, die Rückseite der Lm-Kette genauso behäkeln (= 12 M).
2. Rd: 12 fM, dabei nur in die hinteren M-Glieder häkeln.
3. Rd: 3 fM, 3x 2 fM zusammen abmaschen, 3 fM (= 9 M).
4.-7. Rd: Jeweils 9 fM häkeln.
8. Rd (Rauchgrau): 9 fM häkeln.
9. Rd: 9 fM häkeln.
10. Rd: Jede 3. fM verdoppeln (= 12 M).
11.+12. Rd: Jeweils 12 fM häkeln.
1 Km in die 1. M der letzten Rd häkeln.
Garn ca. 25 cm lang abschneiden.
Stiefel und Bein mit Füllwatte ausstopfen.

OHREN (2x)

Für das Innenohr in Rosé Gold einen Magic-Ring anfertigen.
5 fM in den Ring häkeln, mit 1 Km in die 1. M zur Rd schließen. Garn cà. 25 cm lang abschneiden und vernähen.
Für das Außenohr in Rauchgrau einen Magic-Ring anfertigen.
5 fM in den Ring häkeln. Innenohr gegengleich auf das Außenohr legen und beide Teile durch beide M-Glieder des Außenohres und die hinteren M-Glieder des Innenohrs zusammenhäkeln, dabei in jede M 2 fM häkeln.
1 Km in die 1. M der letzten Rd häkeln.
Garn ca. 25 cm lang abschneiden.

SCHWANZ

In Rosé Gold 17 Lm anschl, ab der 2. Lm von der Nd aus 16 fM häkeln.
Garn ca. 25 cm lang abschneiden.

MÜTZE

In Wolke einen Magic-Ring anfertigen. Weiter in Spiralrd fM häkeln.
1. Rd: 4 fM in den Ring häkeln (= 4 M).
2. Rd: Jede 2. fM verdoppeln (= 6 M).
3. Rd: Jede 2. fM verdoppeln (= 9 M).
4. Rd: Jede 3. fM verdoppeln (= 12 M).
5. Rd: Jede 2. fM verdoppeln (= 18 M).
6. Rd: 18 fM häkeln.
7. Rd: Jede 3. fM verdoppeln (= 24 M).
8. Rd: Jede 12. fM verdoppeln (= 26 M).
9.-11. Rd: Jeweils 26 fM häkeln.
1 Km in die 1. M der letzten Rd häkeln.
Garn ca. 25 cm lang abschneiden.
Die Mütze leicht mit Füllwatte ausstopfen.

BOMMEL

In Weinrot einen Magic-Ring anfertigen. Weiter in Spiralrd fM häkeln.
1. Rd: 6 fM in den Ring häkeln (= 6 M).
2.+3. Rd: Jeweils 6 fM häkeln.
1 Km in die 1. M der letzten Rd häkeln.
Garn ca. 30 cm lang abschneiden, mit der Wollnadel durch alle 6 vorderen M-Glieder fädeln, zusammenziehen und 25 cm lang stehen lassen.

SCHAL

In Wolke 44 Lm anschl, ab der 3. Lm von der Nd aus 42 hStb häkeln.
Garn ca. 25 cm lang abschneiden.

SCHNEEBALL

In Weiß einen Magic-Ring anfertigen. Weiter in Spiralrd fM häkeln.
1. Rd: 6 fM in den Ring häkeln (= 6 M).
2. Rd: Jede 2. fM verdoppeln (= 9 M).
3. Rd: 9 fM häkeln.
4. Rd: Jede 2. und 3. fM zusammen abmaschen (= 6 M).
1 Km in die 1. M der letzten Rd häkeln.
Den Schneeball mit etwas Füllwatte ausstopfen. Garn ca. 25 cm lang abschneiden, mit der Wollnadel durch alle 6 vorderen M-Glieder fädeln, zusammenziehen und vernähen.

FERTIGSTELLUNG

Den Kopf leicht schräg auf dem Körper festnähen. Die Mütze leicht schräg auf dem Kopf festnähen. Bommel und beidseitig die Ohren an der Mütze festnähen. Mit einem geteilten Stück Garn in Pink die Nase aufsticken. Für die Schnurrhaare drei 4 cm lange, geteilte Stücke Garn in Weiß einziehen. Arme und Beine am Körper festnähen. Den Schwanz hinten am Körper festnähen. Den Schal um den Hals legen und mit ein paar Stichen fixieren. Den Schneeball zwischen den Händen festnähen. Zwischen der 10. und 11. Rd des Körpers 36 Km in Weinrot aufhäkeln. Garn ca. 25 cm lang abschneiden und vernähen.

Emma, das Eichhörnchen

SCHWIERIGKEIT 3

GRÖSSE

ca. 14 cm

MATERIAL

- Schachenmayr Catania (LL 125 m/50 g) in Fuchs (Fb 426), Wolke (Fb 247), Natur (Fb 105), Hyazinth (Fb 240), Sonne (Fb 208), Apfel (Fb 205), Deep Amber (Fb 438), Pink (Fb 225) und Schwarz (Fb 110), je 50 g oder Rest
- Häkelnadel 2,0 mm
- Füllwatte
- Wollnadel

KÖRPER

In Fuchs einen Magic-Ring anfertigen. Weiter in Spiralrd fM häkeln.

1. Rd: 6 fM in den Ring häkeln (= 6 M).
2. Rd: Jede fM verdoppeln (= 12 M).
3. Rd: Jede 2. fM verdoppeln (= 18 M).
4. Rd: * 1 fM, 1 fM verdoppeln, 1 fM, ab * noch 5x wdh (= 24 M).
5. Rd: 24 fM häkeln.
6. Rd: Jede 4. fM verdoppeln (= 30 M).
7. Rd: 30 fM häkeln.
8. Rd: Jede 5. fM verdoppeln (= 36 M).
9.+10. Rd: Jeweils 36 fM häkeln.
11. Rd (Wolke): 36 fM, dabei nur in die hinteren M-Glieder häkeln.
12. Rd: 36 fM häkeln.
13. Rd: Jede 5. und 6. fM zusammen abmaschen (= 30 M).
14.-17. Rd: Jeweils 30 fM häkeln.
18. Rd (Natur): Jede 4. und 5. fM zusammen abmaschen (= 24 M).
19.+20. Rd: Jeweils 24 fM häkeln.
21. Rd: Jede 3. und 4. fM zusammen abmaschen (= 18 M).
22. Rd (Wolke): 18 fM häkeln.
23. Rd: Jede 2. und 3. fM zusammen abmaschen (= 12 M).
1 Km in die 1. M der letzten Rd häkeln. Garn ca. 25 cm lang abschneiden. Den Körper mit Füllwatte ausstopfen.

KOPF

In Natur einen Magic-Ring anfertigen. Weiter in Spiralrd fM häkeln.

1. Rd: 6 fM in den Ring häkeln (= 6 M).
2. Rd: Jede 2. fM verdoppeln (= 9 M).
3. Rd: Jede 3. fM verdoppeln (= 12 M).
4. Rd (Fuchs): 12 fM häkeln.
5. Rd: Jede 2. fM verdoppeln (= 18 M).
6.+7. Rd: Jeweils 18 fM häkeln.
8. Rd: Jede 3. fM verdoppeln (= 24 M).
9.-12. Rd: Jeweils 24 fM häkeln.
13. Rd: Jede 3. und 4. fM zusammen abmaschen (= 18 M).
Den Kopf fortlaufend mit Füllwatte ausstopfen.
14. Rd: 18 fM häkeln.
15. Rd: Jede 2. und 3. fM zusammen abmaschen (= 12 M).
16. Rd: Immer 2 fM zusammen abmaschen (= 6 M).
1 Km in die 1. M der letzten Rd häkeln. Garn ca. 25 cm lang abschneiden, mit der Wollnadel durch alle 6 vorderen M-Glieder fädeln, zusammenziehen und vernähen.
Für die Augen den Kopf leicht zusammendrücken, auf Höhe der 6. Rd mit 6 M Abstand mit einem Stück Garn in Fuchs einen Stich quer durch den Kopf machen, leicht zusammenziehen und vernähen. So entstehen die Augenhöhlen. Mit einem geteilten Stück Garn in Schwarz die Augen aufsticken.

ARME (2x)

In Fuchs einen Magic-Ring anfertigen. Weiter in Spiralrd fM häkeln.

1. Rd: 6 fM in den Ring häkeln (= 6 M).
2.+3. Rd: Jeweils 6 fM häkeln.
4.-12. Rd (Wolke): Jeweils 6 fM häkeln.
Arm flach zusammendrücken und beginnend mit 1 Steige-Lm mit 3 fM zusammenhäkeln.
Garn ca. 25 cm lang abschneiden.

STIEFEL UND BEINE (2x)

In Spiralrd fM häkeln.

1. Rd: In Sonne 5 Lm anschl, ab der 2. Lm von der Nd aus 3 fM, 3 fM in 1 M, die Rückseite der Lm-Kette genauso behäkeln (= 12 M).
2. Rd: 12 fM, dabei nur in die hinteren M-Glieder häkeln.

3. Rd: 3 fM, 3x 2 fM zusammen abmaschen, 3 fM (= 9 M).
4.-7. Rd: Jeweils 9 fM häkeln.
8. Rd (Fuchs): 9 fM häkeln.
9. Rd: 9 fM häkeln.
10. Rd: Jede 3. fM verdoppeln (= 12 M).
11.+12. Rd: Jeweils 12 fM häkeln.
1 Km in die 1. M der letzten Rd häkeln. Garn ca. 25 cm lang abschneiden. Stiefel und Bein mit Füllwatte ausstopfen.

OHREN (2x)

In Fuchs 6 Lm anschl, ab der 3. Lm von der Nd aus 2 hStb, 1 fM, 1 Km, 2 Lm, die Rückseite der Lm-Kette gegengleich behäkeln.
1 Km in die 1. M der Rd häkeln.
Garn ca. 25 cm lang abschneiden.

SCHWANZ

In Fuchs einen Magic-Ring anfertigen. Weiter in Spiralrd fM häkeln.
1. Rd: 6 fM in den Ring häkeln (= 6 M).
2. Rd: Jede fM verdoppeln (= 12 M).
3. Rd: 12 fM häkeln.
4. Rd: Jede 2. fM verdoppeln (= 18 M).
5.-12. Rd: 18 fM häkeln.
13. Rd: Jede 2. und 3. fM zusammen abmaschen (= 12 M).
14.-16. Rd: Jeweils 12 fM häkeln.
17. Rd: Jede 3. und 4. fM zusammen abmaschen (= 9 M).
18. Rd: 9 fM häkeln.
Schwanz mit Füllwatte ausstopfen, flach zusammendrücken und mit 1 Steige-Lm beginnend mit 4 fM zusammenhäkeln.
Garn ca. 25 cm lang abschneiden.

MÜTZE

In Hyazinth einen Magic-Ring anfertigen. Weiter in Spiralrd fM häkeln.
1. Rd: 4 fM in den Ring häkeln (= 4 M).
2. Rd: Jede 2. fM verdoppeln (= 6 M).
3. Rd: Jede 2. fM verdoppeln (= 9 M).
4. Rd: Jede 3. fM verdoppeln (= 12 M).
5. Rd: Jede 2. fM verdoppeln (= 18 M).
6. Rd: 18 fM häkeln.
7. Rd: Jede 3. fM verdoppeln (= 24 M).
8. Rd: Jede 12. fM verdoppeln (= 26 M).
9.-11. Rd: Jeweils 26 fM häkeln.
12. Rd: 1 fM, [1 hStb, 1 Stb, 2 Lm, 1 fM] in 1 M, 12 Km, [1 fM, 2 Lm, 1 Stb, 1 hStb] in 1 M, 1 fM, 1 Km.
Den Rest der Rd unbehäkelt lassen. Garn ca. 25 cm lang abschneiden. Die Mütze leicht mit Füllwatte ausstopfen. Aus den Ohrklappen mit doppelten Faden in Hyazinth 6 Lm anschl. Fäden verknoten und abschneiden.

FERTIGSTELLUNG

Den Kopf leicht schräg auf dem Körper festnähen. Die Mütze leicht schräg auf dem Kopf festnähen. Beidseitig die Ohren an der Mütze festnähen. Mit einem geteilten Stück Garn in Schwarz ein Y für die Nase aufsticken. Mit einem geteilten Stück Garn in Pink den oberen Teil des Y ausfüllen. Mit je einem geteilten Stück Garn in Apfel und Deep Amber gleichmäßig 6 kleine Eicheln auf den Bereich in Natur des Körpers sticken. Arme und Beine am Körper festnähen. Zwischen der 10. und 11. Rd des Körpers 36 Km in Wolke aufhäkeln. Den Schwanz am Hinterteil festnähen und mit ein paar Stichen am Rücken fixieren.

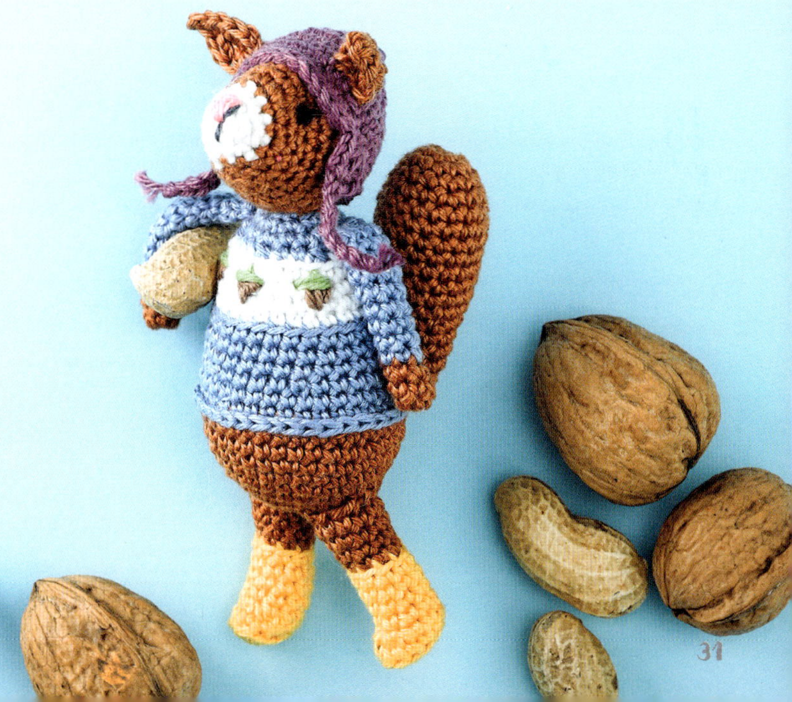

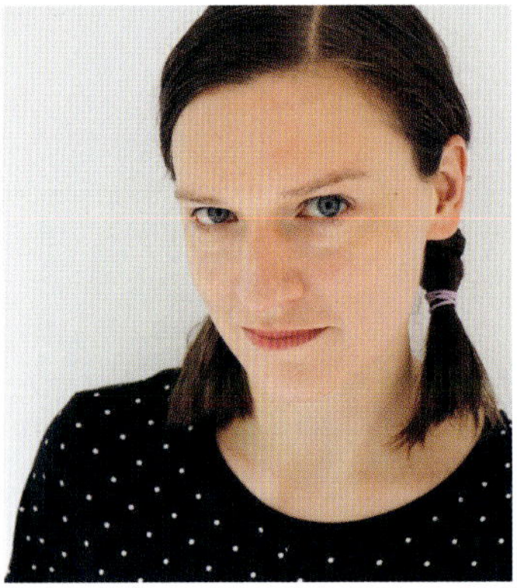

Doerthe Eisterlehner ist in Tübingen geboren und in der grünen Nähe von Hamburg aufgewachsen. Sie hat in Hamburg an der HAW Kinderbuchillustration studiert. Nach dem Studium ist sie nach Berlin gezogen, um dort als freischaffende Künstlerin zu arbeiten. Schon als Kind hat sie mit dem Häkeln begonnen, das auch immer ein Teil ihrer künstlerischen Arbeit war. Seit der Geburt ihrer Kinder sind ein großer Wollkorb und ein paar Häkelnadeln ihre ständigen Begleiter. Ihr allerliebster Platz zum Häkeln ist das rote Gartensofa unter einem wunderschönen Apfelbaum. Unter dem Namen frau_apfelkern zeigt sie bei Instagram Ausschnitte aus ihrem kunterbunten Häkelleben. Sie lebt mit ihrer Familie in Lübeck.

DANKE!

Wir danken der Firma MEZ GmbH für die Unterstützung bei diesem Buch: www.schachenmayr.com

TOPP – Unsere Servicegarantie

WIR SIND FÜR SIE DA! Bei Fragen zu unserem umfangreichen Programm oder Anregungen freuen wir uns über Ihren Anruf oder Ihre Post. Loben Sie uns, aber scheuen Sie sich auch nicht, Ihre Kritik mitzuteilen – sie hilft uns, ständig besser zu werden.

Bei Fragen zu einzelnen Materialien oder Techniken wenden Sie sich bitte an unseren Kreativservice, Frau Erika Noll.

mail@kreativ-service.info
Telefon 07 11/12 37 57 20

Das Produktmanagement erreichen Sie unter:

pm@frechverlag.de
oder:
frechverlag
Produktmanagement
Dieselstraße 5
70839 Gerlingen
Telefon 07 11/8 30 86 68

LERNEN SIE UNS BESSER KENNEN! Fragen Sie Ihren Hobbyfach- oder Buchhändler nach unserem kostenlosen Magazin **Meine kreative Welt**. Darin entdecken Sie dreimal im Jahr die neuesten Kreativtrends und interessantesten Buchneuheiten.

Oder besuchen Sie uns im Internet! Unter **www.topp-kreativ.de** können Sie sich über unser umfangreiches Buchprogramm informieren, unsere Autoren kennenlernen sowie aktuelle Highlights und neue Kreativtechniken entdecken, kurz – die ganze Welt der Kreativität.

Kreativ immer up to date sind Sie mit unserem monatlichen **Newsletter**. Für aktuelle Infos, Gratis-Anleitungen und Gewinnspiele gleich anmelden unter **www.TOPP-kreativ.de/Newsletter**

IMPRESSUM

FOTOS: frechverlag GmbH, 70839 Gerlingen; lichtpunkt, Michael Ruder, Stuttgart
PRODUKTMANAGEMENT: Mareike Upheber
LEKTORAT: Arnhilt Tittes, Rheinfelden
COVER: Eva Hook
GESTALTUNG: Petra Theilfarth
DRUCK: GPS Group GmbH

2. Auflage 2024

ISBN 978-3-7358-7128-2 • Best.-Nr. 27128